Deseo

GUÍA PARA UNA
SEXUALIDAD PLENA

PLATANOMELÓN

Deseo

GUÍA PARA UNA
SEXUALIDAD PLENA

Diseño e ilustración Eva Vesikansa

cincotintas

NOTA DE LA EDITORIAL:
A fin de no caer en prejuicios y estereotipos, tanto Cinco Tintas
como Platanomelón hemos apostado por escribir este libro con un
lenguaje no sexista, de género neutro o inclusivo, por lo que hemos
evitado el masculino genérico normativo y optado por el símbolo «x»
en sustantivos, adjetivos, artículos y algunos pronombres, siguiendo las
orientaciones que, entre otros, ofrece Naciones Unidas para su personal.
Adoptamos un enfoque inclusivo y respetuoso al hablar de hechos
históricos, reivindicativos y divulgación científica. Reconocemos la
importancia de incluir tanto a mujeres como a hombres en la narrativa
histórica y enfocarnos en cuestiones de género en temas reivindicativos.
En divulgación científica, mencionamos a mujeres cis y hombres cis, a
menos que el propio estudio especifique su inclusión de personas trans,
no binarias u otras identidades de género.

ADVERTENCIA:
La información y los consejos presentes en este libro se deben interpretar
como una guía general, pero no deben sustituir un asesoramiento de
tipo profesional.

Diseño e ilustración: Eva Vesikansa

Redacción, supervisión de contenidos, gestión del proyecto
y soporte gráfico: Platanomelón

Sexología: Platanomelón

Av. Diagonal, 402 – 08037 Barcelona
www.cincotintas.com

Primera edición: noviembre de 2023

Impreso en España por Tallers Gràfics Soler
Depósito legal: B 18487-2023
Códigos Thema: VFVC | JBFW
Sexo y sexualidad: consejos y temas y aspectos sociales

ISBN 978-84-19043-28-3

Contenidos

Prólogo

¿Sabías que conocemos más acerca del universo, sus galaxias y sus constelaciones que del clítoris, los sueños eróticos o el orgasmo?

Pero eso queremos cambiarlo. O, al menos, compartir contigo todo lo que sabemos del fascinante mundo de la sexualidad. Un terreno que, por mucho que pienses que conocías a la perfección, vas a entender en profundidad a partir de ahora.

En esta colección de libros vamos a refrescarte lo que sabes –porque seguramente muchos conceptos te suenen– y enseñarte lo que todavía desconoces. Especialmente si nunca has recibido una educación sexual o bien la has recibido, pero ha sido más bien escasa.

Por eso te animamos a entrar con la mente abierta, a abrazar lo que vas a aprender en estas páginas. Vamos a sorprenderte, ¡y mucho! Así que presta atención. De aquí en adelante, vas a convertirte en expertx en todo lo que te parecía un misterio o, al menos, vas a verlo de una forma nueva.

Ven, que esto va de descubrir(te).

¿Qué es la sexualidad?

Puede que si te hablamos de sexualidad en lo primero que pienses sea en la penetración o en el orgasmo, pero déjanos decirte que es mucho más que lo que ocurre debajo de las sábanas. La sexología, por otro lado, es el estudio científico de la sexualidad que sirve para mejorar el sexo y reconectar con nuestros cuerpos y/o nuestras parejas, por poner unos ejemplos. Pero ambas van mucho más allá.

Lo primero que debes saber es que la sexualidad es uno de los pilares centrales del ser humano y lo es a lo largo de toda nuestra vida, no se limita únicamente a la edad adulta. Lo que sucede es que, según la etapa vital en la que se encuentra cada persona, se expresa de diferentes maneras. Y en esos distintos momentos abarca numerosas esferas, como el sexo, las identidades y expresiones de género, las orientaciones sexoafectivas, el placer, la intimidad, el erotismo o la reproducción.

Al ser una dimensión tan íntima de nuestra vida, puede resultar semejante o completamente opuesta a la vivencia sexual de otro individuo. Lo cierto es que, por mucho que se parezcan las personas, cada una es única y su experiencia, también.

Como dato curioso, si somos más de 8000 millones de personas y cada una tiene una sexualidad distinta, podríamos decir que existen ¡más de 8000 millones de sexualidades!

Qué es la sexualidad

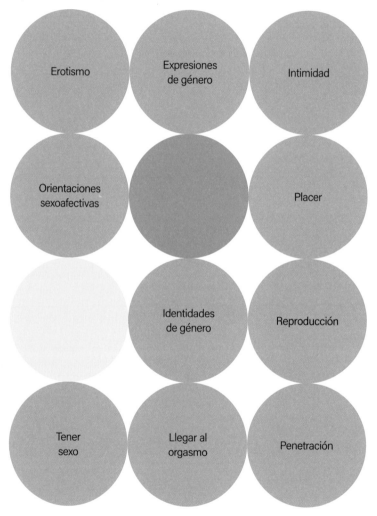

Erotismo

Expresiones de género

Intimidad

Orientaciones sexoafectivas

Placer

Identidades de género

Reproducción

Tener sexo

Llegar al orgasmo

Penetración

Aunque sentimos que es un ámbito íntimo de nuestra vida, nuestra sexualidad también se ve afectada por todo lo que nos rodea. De hecho, según la definición de la Organización Mundial de la Salud (OMS), «la sexualidad está influida por la interacción de factores biológicos, psicológicos, sociales, económicos, políticos, culturales, éticos, legales, históricos, religiosos y espirituales». ¿Entiendes ahora lo que decíamos de que cada persona tiene la suya propia? Nuestras situaciones y experiencias son distintas, así que nuestra manera de experimentar la sexualidad también lo es.

Esta parte tan relevante de nuestra existencia la expresamos a través de conductas y pensamientos, como fantasías, deseos, creencias y valores y, además, se explora a solas, en relación con otras personas, en sociedad y culturalmente, por lo que nos mantiene en conexión con nosotrxs mismxs y con lxs demás.

Entonces, ¿cómo es posible que siendo algo intrínseco a nuestra persona sigan existiendo innumerables confusiones y estigmas alrededor de la sexualidad?

¿Te has sentido alguna vez culpable por experimentar menor deseo sexual que tu pareja? ¿Aisladx por no encajar en los estándares sociales? ¿Discriminadx por tu identidad de género? ¿Avergonzadx por fantasear con algo poco convencional?

Todas estas emociones nacen de la desinformación y de las creencias distorsionadas que tenemos y dificultan que exploremos y comprendamos la sexualidad de manera libre y, sobre todo, feliz.

La sexualidad a lo largo de la historia

La sexualidad, el erotismo y el amor, tal y como los conocemos ahora, son algo moderno, ya que suponen el resultado de siglos de transformaciones, no siempre lineales y, en ocasiones, hasta contradictorias. Esta herencia afecta también a nuestra manera de vivir la sexualidad en la actualidad, así que para que sepas cómo se relacionaban nuestros ancestros, te invitamos a hacer un viaje a través del tiempo.

Hace más de 22 000 años, lo que podemos considerar el origen de esta historia, nuestros antepasados veneraban a la Diosa Madre, una figura divina femenina que ha sido adorada en muchas culturas y religiones a lo largo de la historia. Esta diosa se asociaba con la creación, la fertilidad y la vida, unos fenómenos que no podían explicarse nuestros antepasados, aunque sí eran capaces de comprender su relevancia, pues la supervivencia de la especie dependía de ello.

Esta figura fue representada con ilustraciones y estatuas a lo largo de todo el Paleolítico. La Venus de Willendorf (ver ilustración en la página siguiente) y la Venus de Laussel son dos de las figuras más icónicas. Es posible que te suenen por lo característicos que resultan los cuerpos abundantes y senos prominentes de ambas estatuas, unas cualidades que eran símbolo de fertilidad. De hecho, ciertas hipótesis de la arqueología moderna sostienen que esas civilizaciones podían haber tenido una cultura matriarcal. La sacralidad de lo femenino podría ser un testimonio de la importancia que tenían las mujeres en las culturas ancestrales de todo el mundo.

La Diosa femenina es completamente distinta
al Dios patriarcal, que nace mucho más adelante:
mientras que él es distante y trascendente,
ella es madre y mediadora con lo divino.

Con el paso de los siglos y la división del trabajo, las sociedades se volvieron más patriarcales y las mujeres quedaron relegadas al ámbito doméstico, dedicadas principalmente a la familia. Algo que también se ve reflejado en cómo las Venus tomaron otro lugar en los cultos. Empezaron a representarse con un aspecto más púdico: en *El nacimiento de Venus*, de Sandro Botticelli, así como en la *Venus itálica*, de Antonio Canova, representaciones renacentista y neoclásica de las diosas del amor que se cubren el pecho y la vulva.

Esta relación de la sexualidad con lo divino también se encuentra en otras culturas, como en la China taoísta del siglo VII, cuyo concepto del erotismo iba más allá de la simple reproducción. El acto sexual era un medio para conseguir mayor salud y longevidad y, además, suponía la unión de las fuerzas cósmicas yin y yang: para ello, era esencial que la mujer experimentara el orgasmo y que el hombre estimulase diferentes zonas erógenas, controlando su eyaculación si fuera necesario.[1]

Mientras que hace miles de años Oriente vivía una sexualidad que parece casi contemporánea, esta poco o nada tenía que ver con el puritanismo de Occidente.

Hablar en esos términos de placer en la Edad Media era imposible. Con el poder que llegó a ostentar la Iglesia, conceptos como el de monogamia, heterosexualidad y abstinencia se impusieron con mucha severidad, arrasando por completo con el erotismo y convirtiendo el sexo en algo vergonzoso fuera del matrimonio.

[1] Lo Iacono, A., Mansueto, R., *I percorsi della sessualità. L'incontro tra Amore, Eros e Psyke*, Roma, Alpes, 2015.

Paradójicamente, mucho antes de condenar la sexualidad al secretismo, tanto en el antiguo Egipto como en la Grecia antigua la cultura no era tan sexofóbica (aunque siempre había límites, claro): la sexualidad era mucho más permisiva y libre.

En lugar de avanzar hacia una sociedad más abierta, la época victoriana siguió la misma línea de la Edad Media: la represión sexual fue tan asfixiante como los corsets de las damas de corte,[2] y, el cuerpo femenino, algo indecente que debía quedar oculto a la vista para no «incitar indebidamente».

Con estos precedentes, ¿cómo no vamos a arrastrar aún hoy algunos de los valores negativos que se asociaban a la sexualidad en esas épocas de rígido moralismo? El cambio hasta la actualidad ha sido progresivo y, si bien lento, tenemos la certeza de que va en la dirección correcta.

El libertinaje sexual más desenfrenado podría situarse apenas un siglo antes, cuando en la Europa occidental abundaban los juegos de seducción y el culto al amor carnal y a los afrodisíacos. Otro ejemplo de cómo la sexualidad empezó a salir a la luz sería lo que sucedió en Japón. El arte erótico más icónico de Oriente, el *Shunga* (género de estampas que representa escenas explícitas de sexo), nació mucho antes de

[2] Lo Iacono, A., Mansueto, R., *idem.*

En la China taoísta del siglo VII, el acto sexual era un medio para conseguir mayor salud y longevidad,

y además suponía la unión de las fuerzas cósmicas yin y yang.

las grandes revoluciones occidentales y solo en 1907 fue considerado material «obsceno» por el Código Penal Japonés.[3] Sí, el tatarabuelo de la pornografía también estuvo sujeto a las críticas.

En la década de 1960, sin embargo, se inició la era de las grandes revoluciones: la música irrumpió estrepitosamente, con ídolos como Elvis Presley y The Rolling Stones. El fenómeno fan que desataron enloquecía a unas masas que reaccionaban a los sugerentes movimientos de lxs artistas, hasta el punto de que los sectores más populares de la población trataron de censurar sus carreras musicales por su impacto erótico. Pero el progreso era irrefrenable, el Pop Art entró en la cultura popular y la Carrera Espacial estuvo en boca de todxs. La revolución sexual estaba al caer, aunque llegaría a su máximo esplendor entre los años setenta y los ochenta.

Fue una época de transformaciones en el ámbito sexual que dio comienzo con la popularización de la píldora anticonceptiva. Un revolucionario invento mediante el cual las mujeres podían controlar su fertilidad y que les permitió desarrollar sus carreras profesionales. Algo hasta entonces casi imposible, dado que estaban relegadas al ámbito doméstico. Esto supuso, por primera vez en la historia, una alternativa en la vida de las mujeres, anteriormente destinadas a su biología y a su rol social. Además, el sexo dejó de tener una función meramente reproductiva y se posicionó como algo placentero y empoderador, incluso fuera del matrimonio. ¡Se empezó a hablar de igualdad!

Pero por mucho que la mujer hubiera llegado por fin al mercado laboral (y para quedarse), faltaban por derribar todavía muchas barreras sexuales. No fue hasta 1969 que tuvo lugar la revuelta de Stonewall, una

[3] Lo Iacono, A., Mansueto, R., *idem.*

serie de enfrentamientos violentos entre el colectivo LGTB+ y la policía en la ciudad de Nueva York. Estos sucesos significaron el inicio del movimiento moderno de liberación gay, que luchó (y sigue luchando) contra un sistema opresivo hacia personas no normativas, como transexuales, homosexuales y bisexuales o racializadas. Son los mismos enfrentamientos que, décadas después, cada 28 de junio seguimos conmemorando alrededor del mundo con las manifestaciones del Orgullo Gay.

Aquello fue el comienzo de una serie de reivindicaciones que tendrían lugar en la década de 1970. El colectivo LGTB+ unió fuerzas y empezó a reclamar sus derechos, luchando para acabar con las discriminaciones y, en diciembre de 1973, fecha histórica en materia de libertad sexual, la homosexualidad dejó de ser clasificada como patología y se empezó a considerar una orientación sexual.[4]

Después de este viaje espaciotemporal, te habrás dado cuenta de que la historia de la sexualidad ha sido camaleónica, y ¡sigue siéndolo! Hoy en día, las batallas son distintas, como por ejemplo la discriminación por la orientación sexual o la perspectiva machista en la sexualidad, entre muchas otras. Pero si algo podemos ver de manera clara es que el tiempo y las culturas han moldeado nuestra sexualidad y siguen pesando en nuestras relaciones, tanto a nivel social e institucional como en la esfera más íntima.

---

[4] Sullivan, M. K., «Homophobia, History, and Homosexuality», *Journal of Human Behavior in the Social Environment*, 8:2-3, 2004, páginas 1-13.

El presente (y el futuro) de la sexualidad

Actualmente, sobre todo gracias a la tecnología, estamos presenciando una época de cambios increíbles en lo que a sexualidad se refiere, y no nos referimos solo al *boom* de los juguetes sexuales, esos que llevan motores de avión en miniatura para hacernos experimentar un placer desconocido hasta la fecha. Cada vez se visibilizan más los colectivos minoritarios, se desmitifican las falsas creencias, se habla de la importancia del clítoris, surgen comunidades en torno a temáticas como la maternidad, la menopausia, las nuevas masculinidades... ¡y un larguísimo etcétera!

Aunque no todo es maravilloso. No podemos ignorar la otra cara de la moneda, que no brilla tanto: la resistencia social a los cambios hacia la igualdad de género y las diversidades sexuales en forma de prejuicios e incluso agresividad.

Basta poner sobre la mesa dos datos que están curiosamente relacionados. Por un lado, el 68,5 % de lxs españolxs entre 16 y 25 años considera que la educación sexual que recibió no fue suficiente.[5] Por otro, la evidencia de que el consumo de pornografía se extiende cómo la pólvora: en España, el 90 % de lxs jóvenes ha consumido estos contenidos en su móvil antes de los 12 años.[6] Si unimos ambos datos, llegamos a la

[5] Sociedad Española de Contracepción, Encuesta nacional sobre sexualidad y anticoncepción entre los jóvenes españoles (16-25 años), 2019. sec.es/encuesta-nacional-sobre-sexualidad-y-anticoncepcion-entre-los-jovenes-espanoles-16-25-anos.

[6] Ballester Brage, L., Orte, C., Pozo Gordaliza, R., «Nueva pornografía y cambios en las relaciones interpersonales de adolescentes y jóvenes» en *Actas del XIX Congreso Internacional de Investigación Educativa*, Vol. 1, 2019, páginas 500-507.

conclusión de que son estos vídeos gratuitos los que se han convertido en la nueva educación sexual, haciendo que las prácticas violentas que aparecen en la pantalla sean lo que consideran erótico y también lo que ponen en práctica a la hora de estar con alguien. Para que te hagas una idea de lo grave que es la situación, el sexo que se aprende en esos vídeos es comparable a intentar aprender a conducir teniendo como referencia las películas de *Fast and Furious*. Esa libertad sexual que tanto costó conseguir hace décadas se encuentra en peligro si se ve condicionada por unos mensajes que llegan de una industria que no es conocida precisamente por reflejar el sexo de manera fidedigna.

Y es curioso, porque podemos afirmar que vivimos en la era de la información (nunca antes habíamos tenido una fuente de datos y noticias ilimitados en la palma de la mano) pero, en muchos aspectos, seguimos igual de perdidxs que hace unos años. Por eso creemos que solo a través de una educación sexual integral podríamos salir de la confusión y avanzar hacia una vida sexual más plena.

Si algo tenemos claro es que el futuro es incierto, aunque puede que lo estés imaginando como una distopía donde toda nuestra sexualidad se produzca a través del móvil, con inteligencias artificiales o con droides. Una versión de *Regreso al futuro* donde la sexualidad se manifestaría a través de hologramas o robots humanoides, y donde el DeLorean no sería solo un coche, sino una máquina para explorar la sexualidad en todas sus dimensiones.

Los avances hoy en día son imparables y tienen tanto pros como contras, lo que cambia es cómo los utilizamos.

Lo más probable es que, al visibilizar realidades que hasta la fecha se mantenían en la sombra, prestemos atención a lo que nos rodea y seamos más sensibles ante cuestiones que antes pasaban desapercibidas, como el lenguaje inclusivo, la transfobia o las relaciones de poder que dan pie a desigualdades entre las personas (lo que consideramos como relaciones tóxicas). Como ejemplo, te sugerimos que vuelvas a ver la película *Pretty Woman* –o la veas por primera vez– con ojos del siglo XXI: es probable que veas de distinta manera algunas escenas, conforme a tu forma de pensar actual.

Con todo lo que sabemos de la evolución del ser humano y su sexualidad no podemos prever qué pasará en los próximos años, aunque tenemos algunas pistas de que la investigación de la sexualidad seguirá evolucionando a través de la realidad virtual, la inteligencia artificial y los robots (quizás las hipótesis anteriormente planteadas no iban mal encaminadas), y que llegará incluso al ámbito terapéutico.

Pero lo que debes tener claro es que, cuanto más te dediques a tu sexualidad en el presente, más la disfrutarás en tu futuro.

Cómo nace la sexología moderna

La sexualidad se ha practicado, ilustrado, cantado y esculpido desde el principio de los tiempos (de hecho, en la cueva de los Casares en Guadalajara, España, puede verse la escena de un coito paleolítico), pero la sexología moderna es una ciencia muy joven en comparación con sus «hermanas». La primera vez que se habló de ella fue en 1907, hace poco menos de 120 años, de la mano de Iwan Bloch, dermatólogo y científico alemán.

Para que te hagas una idea de cuán reciente es: ese mismo año Pablo Picasso introdujo el cubismo; dos años antes, Albert Einstein formuló la teoría de la relatividad y, un año después, Walter Nernst creó la tercera ley de la termodinámica. Fueron años de enormes descubrimientos, sí, pero es sorprendente que la sexualidad llegara hace tan poco, tratándose de algo que nos ha acompañado toda la historia de la humanidad.

Poco antes de acuñar el término «sexología», ya había iconos de la época que daban que hablar sobre el asunto: en 1905 se publicó *Tres ensayos sobre teoría sexual*, obra principal del padre del psicoanálisis, Sigmund Freud, que introdujo la teoría psicosexual y, poco después, el concepto de «libido».

La moralidad de la sociedad norteamericana fue uno de los inconvenientes que encontró al presentar sus teorías. Aunque lo verdaderamente revolucionario de su filosofía es que, a partir de ella, se dejó de concebir el sexo como algo meramente genital y físico: la sexualidad es parte del desarrollo y de la vida de las personas desde que nacen. Y, sobre todo, el placer es central en la actividad psíquica de la persona.

«Llamamos perversa a una práctica sexual cuando se ha renunciado a la meta de la reproducción y se persigue la ganancia del placer como meta autónoma.»

— Freud, S. (1933), *CLXVII Nuevas Lecciones Introductorias al Psicoanálisis.*

Por curiosas que nos parezcan en la actualidad las teorías de Freud, lo más rompedor llegaría más adelante gracias a un psicólogo estadounidense. Entre 1948 y 1953, después de realizar miles y miles de entrevistas profundamente íntimas, Alfred Kinsey teorizó que la orientación sexual no era binaria (hetero-homosexual), sino fluida.

Mediante su escala, Kinsey planteaba un modelo donde, por un lado, se encontraba la heterosexualidad, por el otro, la homosexualidad, y, en medio, un espectro de posibilidades, como la bisexualidad. Kinsey estimó que el 10 % de la población estadounidense era homosexual y que alrededor del 46 % manifestaba excitación ante diferentes géneros.[7]

Y aunque sus hallazgos fueron inmediatamente juzgados en medios sensacionalistas por lo controvertidos que resultaban para la época, fue el primero en romper con la idea de que la sexualidad se regía por un modelo binario estático. A raíz de los estudios de Kinsey se hizo posible la conversación acerca de una sexualidad más variable y menos dual, lo que ha evolucionado hasta hoy.

[7] Kinsey, A. C., Pomeroy, W. R., Martin, C. E., «Sexual behavior in the human male. 1948», *American Journal of Public Health*, 93(6), 2003, páginas 894-898.

Sin desmerecer el trabajo de Kinsey, pero viéndolo con perspectiva, la sexualidad humana es mucho más compleja y diversa de lo que su escala sugiere. No se trata solo de un gradiente binario estático entre una sexualidad u otra, sino que existe una amplia gama de identidades sexuales y de género. Se trata de un abanico de diversidad que no se puede medir con una escala única o categorías y en el que todxs tenemos cabida.

Más adelante, entre 1957 y 1965, el ginecólogo William Masters y la psicóloga Virginia Johnson, pioneros de los estudios sobre la respuesta sexual humana, observaron en un laboratorio a 382 mujeres cis (cis es la abreviatura de cisgénero, palabra que se utiliza para describir a una persona cuya identidad de género y sexo asignado al nacer son el mismo) y 312 hombres cis manteniendo relaciones íntimas de diferentes tipos.

Después de su labor de observación y recopilación de datos, describieron por primera vez las cuatro fases en la respuesta sexual: excitación, meseta, orgasmo y resolución. Además, sus resultados arrojaron luz específicamente sobre la excitación sexual, el orgasmo e incluso la multiorgasmia en mujeres cis. Su investigación barrió estereotipos enquistados y arrojó hallazgos como el papel destacado del clítoris en el orgasmo, desterrando el ideal del «orgasmo vaginal» freudiano, o que la sexualidad femenina no es inferior ni menos intensa que la masculina.

«En un área donde no se sabía nada, la medicina tuvo que basarse en la tradición social.»

— Johnson, V., citada por Ellis, A., «Best of the Century», *Psychology Today*, 1999.

Fases en la respuesta sexual

Meseta Orgasmo Multiorgasmo

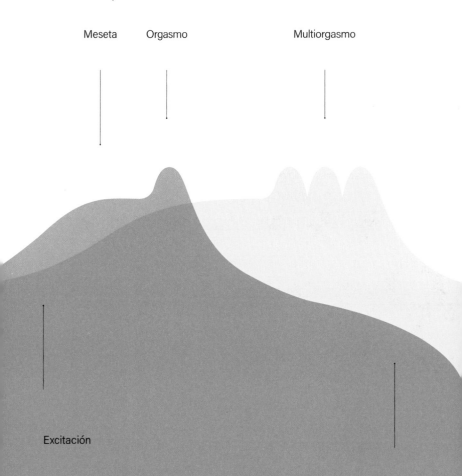

Excitación

Resolución

¿Por qué es importante entender la sexualidad?

«Agénero», «intersexual», «poliamor», «demisexual»... Son términos que pueden haber salido en una conversación en la que participabas y te han sonado a otro idioma. Incluso puede que sintieras cierto agobio o rechazo y hayas acabado juzgando esa conversación como algo que no iba contigo.

Esa sensación es totalmente válida. Nuestra sociedad y las discusiones en torno a la sexualidad avanzan como un tren bala, pero la educación sexual que recibimos parece avanzar a la velocidad de un carruaje tirado por caballos: es lenta y está desactualizada. O, directamente, es confusa y poco precisa, como suele ocurrir con la información que leemos en las noticias, que termina alejando aún más la sexualidad en vez de hacerla accesible a la gran mayoría de personas.

A diario nacen neologismos y etiquetas que describen cada vez más minuciosamente las circunstancias diversas y plurales de las personas. Y, aunque nos parezcan limitantes o poco necesarias, legitiman realidades que no podrían existir social y jurídicamente sin definirse.

Por ejemplo, sin la palabra «transgénero», el colectivo trans, así como sus vivencias y derechos, estaría completamente invisibilizado y sería blanco fácil para la opresión. Recuerda que de lo que no se habla no existe.

Esta necesidad de entender la sexualidad nos ha impulsado a crear una colección de libros con información clara y transparente, para entender qué significa y, sobre todo, qué no significa cada cosa. Para acoger la diversidad y acercarnos a ella desde la curiosidad y la empatía. Y, de paso, mantener las amistades.

Y es que cuando desconocemos o no comprendemos algo, en ocasiones, nuestra actitud hacia ello no es muy amable, sino más bien inquisitoria, y estamos dando vía libre a los prejuicios y discriminaciones, pero también a la toma de decisiones de riesgo, al malestar...

Así que, teniendo en cuenta que saber es poder, lo ideal es que busquemos el aprendizaje continuo.

Tres claves de la sexualidad

Antes de despegar, hay que tener en cuenta conceptos importantes acerca de la sexualidad que te acompañarán a lo largo de todo este viaje. Son ideas que, de ahora en adelante, te animamos a que memorices para que puedas entender que, a diferencia de lo que creías, el cosmos sexual es infinito:

No es binaria, es fluida: aunque en Occidente estamos acostumbradxs a pensar por opuestos, en la sexualidad raramente hay algo blanco o negro. Más bien es una dimensión fluida, como la escala cromática.

No es rígida, es cambiante: a veces creemos que nuestra sexualidad, así como nuestro carácter y las decisiones que tomamos, nos define. Por ejemplo, si en algún momento de la vida hemos perdido el deseo o apenas lo sentimos, eso supuestamente indicaría que somos personas desapegadas de todo lo erótico, pero no es así. La sexualidad es dinámica y cambiante, evoluciona con nosotrxs y se transforma a lo largo de toda nuestra existencia. ¿Acaso siempre te ha gustado la misma comida?

No es uniforme, es diversa: la humanidad es compleja; las vicisitudes a las que nos enfrentamos a lo largo de nuestra vida nos hacen ser quienes somos. Nadie es igual, ni siquiera personas con el mismo ADN, la misma familia y las mismas vivencias. Las personas somos diversas, igual que nuestra sexualidad: es plural y variopinta. Y descubrir la tuya propia es el trabajo de una vida.

Introducción

Por experiencia personal, puede que pienses que el sexo empieza y acaba debajo de las sábanas, donde ocurre la mayor parte de la acción física. Pero, en realidad, la actividad erótica sucede en su mayoría en la mente, ya sea estando despiertxs o dormidxs, y va mucho más allá del acto sexual.

Por si no lo habías pensado, sí, el sexo también incluye aspectos internos tan presentes en nuestro día a día como el deseo sexual, las fantasías, los sueños eróticos... que, a diferencia del coito propiamente dicho, no se incluyen tan frecuentemente como deberían en el discurso que tenemos en torno al sexo. ¡Y este es el primer error! Porque hay más erotismo en tu cabeza que entre tus piernas. Sin embargo, nuestra mente está poblada de dudas, falsas creencias, costumbres, miedos y limitaciones.

Entender nuestra sexualidad y cómo convive con lo que nos pasa por la cabeza (y no solo con lo que sucede en la cama) nos ayuda a vivir experiencias de forma más consciente, dándole importancia a la autoaceptación, la felicidad y el placer. Por eso, vamos a explicarte cuáles son las conexiones entre el cuerpo y el placer y el papel que desempeña nuestro cerebro.

¿Qué es el deseo sexual? ¿Cuál es el nivel de deseo «adecuado»? ¿Y si mi deseo no casa con el de mi pareja? ¿Hay algo que pueda hacer para aumentarlo? ¿Qué dicen sobre mí mis fantasías? ¿Y mis sueños eróticos? En este libro respondemos a todas estas dudas que orbitan esta esfera sexual intangible pero increíblemente poderosa que compone todo nuestro imaginario erótico. Este se transforma, se destruye y se reconstruye mezclando contenidos, unos más nítidos y otros más borrosos, y se materializa a través de conceptos y prácticas como la masturbación, el *squirting* o el «punto G», que nos ayudan a viajar a través del maravilloso mundo del placer sexual.

De esta manera, queremos darte la bienvenida al lugar donde descubrirás que tu cuerpo y tu mente están más cerca de lo que crees. ¡Ven a descubrirlo!

Primera parte

EL PLACER EN
LA ESFERA MENTAL

El deseo

¿Qué es el deseo?

El ejemplo que mejor ilustra que todavía nos cuesta relacionar el cuerpo y la mente cuando se trata del placer es que, al pensar en sexo, automáticamente nos proyectamos en la corporalidad, los sentidos y el placer físico. Y es algo normal, ya que conectamos con las sensaciones a través de ellos. Pero el verdadero protagonista del placer es otro: nuestra mente es el órgano sexual más potente y erótico que conocemos. Esto puede sonar extraño, sobre todo por la cantidad de preguntas que surgen acerca de cómo el cerebro se convierte en cómplice del disfrute.

La explicación se encuentra en su ilimitada fuerza creativa: el cerebro es capaz de transportarnos a momentos y lugares inesperados en un abrir y cerrar de ojos. El cerebro recuerda un pasado cercano y remoto, se recrea en fantasías insospechadas, sueña con anécdotas nunca ocurridas e incluso personas jamás conocidas. Pero, sobre todo, desea sin parar. La mente es el lugar infinito en el que construir nuestro mundo privado de una forma tan personal y subjetiva que hace de él un espacio sumamente complejo y difícil de analizar o estandarizar.

Por eso, aunque evidentemente el deseo también vaya ligado a componentes físicos y hormonales, nada de lo que suceda en el resto de nuestro cuerpo impulsará nuestro apetito sexual con tanta intensidad como el cerebro. ¡Es el mayor amplificador del deseo!

Incluso sabiendo el poder que tiene la mente en el deseo erótico, sigue siendo un enigma, ya que se trata de una esfera algo misteriosa en nuestra sexualidad. Es más, en la actualidad, se sigue investigando con más dudas que respuestas, lo que significa que aún queda mucho por descubrir... Lo que sí podemos afirmar es que el ejemplo que mejor ilustra el deseo es el hambre: el acto de desear tiene que ver con las ganas, la motivación y, tal vez, la necesidad de satisfacer algo. Al igual que cuando nos apetece un plato suculento y solo saboreándolo conseguimos quedarnos satisfechxs.

Si algo sabemos del deseo es que fluctúa a lo largo de la vida, de los meses, de las semanas e incluso de los minutos. Y es totalmente natural. Para entender a qué se deben estos cambios, en este capítulo hablaremos del erotismo que vivimos, silenciosamente, en nuestra mente.

Deseo espontáneo *vs.* deseo reactivo

Siguiendo con la analogía de la comida, imagínate que estás en el sofá de tu casa y, de repente, sientes hambre. Empiezas a salivar, a pensar en qué comida te apetece más, a decidir cuándo vas a comer e incluso a imaginarte su sabor y su olor. Esto es lo que en sexología llamamos «deseo espontáneo»: de manera espontánea se nos presenta esta necesidad, que depende más de factores orgánicos que contextuales o situacionales.

Ahora, piensa en esta situación: estás en el sofá de tu casa y, de repente, tu compañerx de piso pasa a tu lado con una pizza entre las manos. No tenías hambre, pero, al ver ese estímulo tan apetecible (la pizza es apetecible sí o sí, lo sabemos), te entra hambre. Esta manera de sentir deseo se llama «deseo reactivo»: es el estímulo el que desencadena la necesidad. Incluso el mero hecho de pensar en comida podría llevarnos a tener hambre. Mientras que el primero aparece de repente, este segundo tipo de deseo depende de factores más contextuales que orgánicos.

Estos dos modelos de deseo intervienen en nuestras ganas de explorar el placer. El deseo espontáneo se «alimenta» de nuestros hábitos saludables (como hacer ejercicio o llevar una dieta equilibrada), nuestras oscilaciones hormonales y nuestro estado anímico, entre otros factores. En cambio, el deseo reactivo se nutre de los estímulos que hayamos erotizado, tanto del entorno como de los que son producto de nuestros pensamientos. Aquí es donde entrarían los incentivos eróticos de cada unx, es decir, la imaginación, la lectura de relatos eróticos, la masturbación o aquello que te despierte el apetito sexual.

Por tanto, podemos concluir que existen formas de incentivar el deseo, tanto a solas como en pareja, y que no somos sencillamente espectadorxs de nuestras ganas. Además de los hábitos de vida saludables, que repercutirán en nuestra salud general, se puede entrenar nuestro deseo reactivo, que hará que nuestro acceso al erotismo sea más ágil y plástico.

Y, sobre todo, recuerda que entrenar tu sexualidad te ayudará a conectar mejor contigo mismx, tus sensaciones y tu salud emocional. Ser autoexigente o intentar cumplir con expectativas sociales te alejará de este propósito.

En pareja, ¿es normal que unx sienta menos deseo que otrx?

Que nuestra pareja sienta más o menos deseo que nostrxs es totalmente natural, lo que no es realista es pensar que siempre queramos tener sexo al mismo tiempo, de la misma manera y con la misma frecuencia. La desinformación y la falta de comunicación pueden generar frustración e incertidumbre y tal vez nos hacen llegar a conclusiones como «somos incompatibles», «ya no le atraigo», «estará conociendo a otras personas»...

Científicamente hablando, no existe un nivel «normal» de deseo. Lo que sí existe es un deseo inferior al que se solía tener en otro momento de la vida o inferior al de tu pareja. Pero, como hemos mencionado antes, esta sensación suele ser fruto de una comparación. Por ejemplo, si miras a tu alrededor, puede que conozcas a personas que tienen más apetito, otras que tienen más ganas de salir de fiesta u otras que sienten más devoción por las siestas. En la esfera sexual sucede lo mismo: no existen parámetros que nos indiquen si el deseo es más o menos «normal». Lo que sí existe son algunos indicadores (como el estrés o el inicio de una nueva relación) que nos ayudan a entender si algo está afectando al deseo, ya sea elevándolo o disminuyéndolo en determinado momento de la vida, especialmente si eso nos genera estrés.

La diferencia entre los niveles del deseo es mucho más habitual de lo que piensas: un estudio de 2015[8] concluyó que un 80 % de las parejas

---

[8] Day, L. C., Muise, A., Joel, S., Impett, E. A., «To Do It or Not to Do It? How Communally Motivated People Navigate Sexual Interdependence Dilemmas», *Personality and Social Psychology Bulletin*, 41(6), 2015, páginas 791-804.

experimentan alguna vez en su vida discrepancia del deseo sexual, concepto que da nombre a la diferencia en el nivel de deseo sexual y/o las preferencias en una relación romántica.

Por otro lado, otro estudio de 2006[9] apuntaba que un 47,5 % de mujeres cis y un 25 % de hombres cis sienten o han sentido falta de deseo en algún momento de su vida.

Falta de deseo sexual

Hombres cis
25 %

Mujeres cis
47,5 %

Esta disminución de deseo erótico puede llegar a ser una importante fuente de estrés; de hecho, es la razón principal por la cual las personas acuden a terapia sexual y de pareja. Ten en cuenta que el hecho de guiarnos por expectativas y estándares sociales puede llevarnos automáticamente a sentir incomodidad con respecto a nuestra sexualidad. Así que, si queremos que nuestra vida sexual sea lo más sana y feliz posible, es indispensable saber cómo funciona nuestro deseo y comprender que es cambiante y fluido. Disfrutarlo parte de entender que es algo propio, no debe vivirse en función de lo que esperan lxs demás.

[9] Day, L. C., *idem.*

¿Sabías que el 52,5 % de mujeres cis entre 25 y 29 años siente malestar debido a su bajo deseo?[10] Si te suenan frases como: «No tengo ganas de tocarme», «No fantaseo nunca», «Me incomoda cuando mi pareja me propone tener sexo», «Siento que debería tener el mismo deseo que todo el mundo» o «Creo que algo me pasa por no tener tanto deseo», puede que estés sintiendo culpa, vergüenza y frustración debido a las creencias que tienes acerca del deseo.

[10] Zheng, J., Islam, R., Bell, R., Skiba, M., Davis, S., «Prevalence of Low Sexual Desire With Associated Distress Across the Adult Life Span: An Australian Cross-Sectional Study», *The Journal of Sexual Medicine*, 17(10), 2020, páginas 1885-1895.

En definitiva, el deseo erótico es complejo. Muchos factores contribuyen a aumentarlo o disminuirlo a lo largo de nuestra existencia y cada persona vive en momentos distintos estas oscilaciones. Precisamente por eso es difícil que nuestro deseo y el de nuestra pareja siempre estén en sintonía. Es como tratar de tomar una foto perfecta: mientras unx quiere capturar el amanecer de la pasión, el otrx puede estar enfocando el atardecer de la tranquilidad.

Recuerda que solo cuando el deseo sexual se percibe como un problema en la pareja realmente se convierte en uno, y puede dar pie a lecturas muy alejadas de la realidad. Si vuestros niveles de deseo no os incomodan ni os generan malestar, ¡no hay de qué preocuparse!

Deseo *vs.* atracción

Estos dos términos, aunque se confunden más que el vidrio y el cristal, no son lo mismo. Un ejemplo para entender la diferencia entre el deseo y la atracción podría ser la situación que se da cuando tenemos mucho apetito y abrimos la puerta de la nevera con la ilusión de encontrar algo delicioso, pero no encontramos nada en ella que nos haga especial ilusión: tenemos un deseo (el hambre) pero lo que vemos (la comida) no nos atrae.

El deseo sexual es algo que puede desencadenarse por un estímulo externo situacional, depende de muchos otros factores y tiene que ver con nuestras ganas de tener sexo con otras personas o incluso a solas. Por otro lado, la atracción tiene que ver con el efecto que produce dirigir nuestra atención hacia una persona, y puede ser tanto sexual como romántica o intelectual, entre otras. Esta es como una brújula que nos orienta hacia lo que nos parece atractivo, por una razón u otra.

Así pues, si te preocupa o te ha preocupado en algún momento no estar en sintonía con tu pareja en lo que a deseo se refiere o experimentar momentos de bajo nivel de deseo, eso no significa necesariamente que haya dejado de atraerte.

Causas del bajo deseo sexual

Para comprender este fenómeno es esencial reconocer que todo lo que sucede dentro de nosotrxs influye en nuestro deseo erótico. Así como un reloj necesita un estado adecuado de todas sus piezas para funcionar correctamente, nuestro cuerpo necesita una salud óptima para gozar de una sexualidad satisfactoria. Y esto pasa por atender a nuestro sistema endocrino, vascular y neurológico. Además, existen factores físicos que nos predisponen a tener menos deseo, por ejemplo:

El ciclo menstrual: las hormonas sexuales fluctúan a lo largo del mes, lo cual tiene un impacto en nuestro deseo. No es casual que hayas tenido más o menos ganas de mantener relaciones en algunas fases de tu ciclo menstrual.

Embarazo y lactancia: la gestación, el puerperio y la lactancia son momentos de la vida llenos de fluctuaciones hormonales que pueden resultar en una falta de deseo.[11]

[11][12] Malarewicz, A., Szymkiewicz, J., Rogala, J., «Sexuality of Pregnant Women», *Ginekologia Polska*, 77(9), 2006, páginas 733-739.

Según un estudio publicado en 2006,[12] el 68 % de las madres jóvenes entrevistadas no fueron informadas por los profesionales de la salud sobre las dificultades sexuales durante el embarazo y, en particular, sobre la posibilidad de tener satisfacción sexual.

Higiene del sueño: dormir poco o mal afecta directamente a tus hormonas sexuales, provocando un descenso de la testosterona. Esto no solo genera cansancio, sino también una disminución de la motivación y la energía, que repercute en todos los aspectos de la vida. Un estudio de 2009[13] concluyó que, en hombres cis, los niveles de testosterona son más altos tras dormir entre 6 y 8 horas.

Menopausia y andropausia: el descenso de hormonas sexuales, especialmente de testosterona, puede provocar una disminución del interés sexual. El declive hormonal y las creencias culturales desempeñan un papel clave en la vivencia de la sexualidad en las personas mayores de 50 años y su impacto es incluso mayor que los cambios fisiológicos y hormonales que experimentan.

Debido a los tabúes que rodean al sexo, todavía hay personas mayores que se enfrentan a la vergüenza y el estigma cuando consultan a los profesionales de la salud acerca de dificultades sexuales. Afortunadamente, cada vez se lucha más contra estos prejuicios, lo que favorece que se proporcione ayuda a quienes la necesitan.

[13] Goh, V., Tong, T., «Sleep, Sex Steroid Hormones, Sexual Activities, and Aging in Asian Men», *Journal of Andrology*, 31(2), 2009, páginas 131-137.

Toma de medicamentos: algunos fármacos, como los anticonceptivos, los antidepresivos, los antihipertensivos y los antihistamínicos, entre otros, interfieren en el sistema nervioso, vascular o endocrino, pudiendo generar un descenso del deseo erótico.

Enfermedades: algunas enfermedades o condiciones médicas como la diabetes, las disfunciones tiroideas, los problemas vasculares y un largo etcétera, pueden alterar nuestra predisposición a buscar placer sexual.

Nuestra salud emocional y mental tiene un gran impacto en el deseo: factores como el estrés, la ansiedad, la depresión o un estado anímico bajo, así como la autoestima, pueden suprimir por completo la respuesta sexual.

No obstante, incluso padeciendo déficits hormonales, podemos sentir deseo sexual y disfrutar de nuestra sexualidad. Así que, si necesitabas otra razón para cuidar tu salud mental y rodearte de un entorno saludable, queremos que sepas que tu deseo te lo va a agradecer.

¿Sabías que los pensamientos intrusivos están directamente relacionados con la falta de deseo y las funciones sexuales? Se trata de imágenes automáticas o razonamientos inconscientes que reflejan creencias más profundas y que se activan en un momento determinado. Un estudio del 2018[14] llegó a las siguientes conclusiones (ver página siguiente):

[14] Nobre, P., Pinto-Gouveia, J., «Differences in Automatic Thoughts Presented During Sexual Activity Between Sexually Functional and Dysfunctional Men and Women», *Cognitive Therapy and Research*, 32(1), 2009, páginas 37-49.

Entre mujeres cis que tienen sexo con hombres cis, los pensamientos intrusivos y sus significados o implicaciones más frecuentes son:

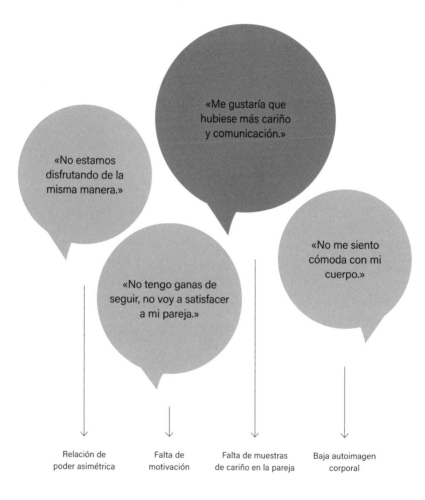

«Me gustaría que hubiese más cariño y comunicación.»

«No estamos disfrutando de la misma manera.»

«No me siento cómoda con mi cuerpo.»

«No tengo ganas de seguir, no voy a satisfacer a mi pareja.»

Relación de poder asimétrica

Falta de motivación

Falta de muestras de cariño en la pareja

Baja autoimagen corporal

Entre hombres cis que tienen sexo con mujeres cis, los pensamientos intrusivos y sus significados o implicaciones más frecuentes son:

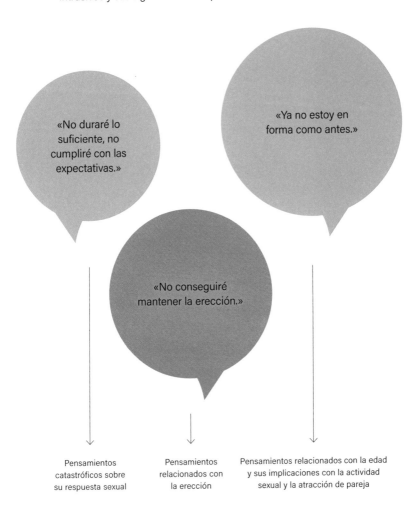

«No duraré lo suficiente, no cumpliré con las expectativas.»

«Ya no estoy en forma como antes.»

«No conseguiré mantener la erección.»

Pensamientos catastróficos sobre su respuesta sexual

Pensamientos relacionados con la erección

Pensamientos relacionados con la edad y sus implicaciones con la actividad sexual y la atracción de pareja

Recuerda que todas nuestras creencias acerca nosotrxs mismxs, las relaciones que establecemos y los factores socioculturales influyen en nuestra sexualidad. Por esa razón, si optamos por revisarlas y deconstruirlas, podremos iniciar un proceso que lleve a un cambio radical en la forma de vivir la vida y el sexo.

Pero ¿cómo se ve influenciada la esfera erótica por las relaciones con lxs demás? Nuestras relaciones románticas y eróticas se convierten en un factor clave sin que nos demos cuenta. Por ejemplo, una experiencia insatisfactoria puede sentar precedentes para no querer construir intimidad.

A eso se le puede añadir también que haya conflictos en la pareja, dificultades para alcanzar el orgasmo o mantener la erección o experiencias sexuales que no son precisamente placenteras. Todos estos factores pueden influir negativamente en nuestras ganas de generar intimidad erótica.

Además de estas circunstancias, existen también contextos precipitantes que pueden alterar el equilibrio emocional y/o sexual, como las mudanzas, las rupturas o los nuevos trabajos. Así que, en vez de culparte, te recomendamos que te tomes tiempo para conectar contigo mismx y escucharte.

¿Es distinto el deseo según tengas pene o vulva?

Históricamente se ha creído que tener pene implica sentir más deseo, como si hubiese una clara distinción entre cuerpos y géneros o como si el deseo viniese de serie. Pero llegadxs a este punto, habrás entendido que el deseo no es algo constante, sino que está sujeto a cambios personales y al contexto sociocultural. Sin embargo, ¿hay alguna diferencia según se tenga pene o vulva?

La respuesta es más compleja de lo que parece, y es que estadísticamente existen discrepancias. Estas no se deben ni a niveles hormonales ni cerebrales, como se creía antiguamente, sino al contexto sociocultural y sexual en el que se desarrollan las mujeres y las personas con vulva. No es un secreto que tienen una relación con su sexualidad que tiende más al autojuicio. El hecho de no haber tenido información acerca de su propia anatomía, de verse obligadas a esconder su sexualidad y haber sido culpabilizadas frente a la autoexploración y a la expresión de su erotismo y de tener una autoimagen mucho más exigente, además de otros muchos factores socioculturales, aumenta las probabilidades de que su experiencia sexual vital sea menos satisfactoria que la de los hombres y personas con pene. Por supuesto, esto repercute directamente sobre el deseo sexual.

¿Sabías que solamente el 51 %
de mujeres cis le comunica a
su pareja sexual su dolor en la
vagina durante la penetración?[15]

[15] Carter, A., Ford, J. V., Luetke, M., *et al.*, «"Fulfilling His Needs, Not Mine": Reasons for Not Talking About Painful Sex and Associations with Lack of Pleasure in a Nationally Representative Sample of Women in the United States», *The Journal of Sexual Medicine*, 16(12), 2019, páginas 1953-1965.

Hábitos que mejoran el deseo

Más allá de los factores externos que te rodean o de tus relaciones con lxs demás, es probable que, tras haber leído los apartados anteriores, hayas intuido que tus hábitos tienen una influencia directa en tu deseo sexual. De hecho, puede que tu día a día ya esté plagado de buenos hábitos que favorecen una vida sexual sana. ¡Y tú sin saberlo! Estos hábitos no solo repercuten positivamente en tu esfera sexual, sino que son beneficiosos tanto para tu cuerpo como para tu mente.

🜂 **Higiene del sueño:** disfrutar de un descanso de calidad y reparador es esencial para mejorar el rendimiento sexual y gozar de un buen nivel de deseo. Además, un sueño adecuado nos ayuda a sentirnos más enérgicxs, lo que puede traducirse en una mayor resistencia, vitalidad y motivación durante el acto sexual. La circulación sanguínea, que tiene un papel fundamental en el funcionamiento de los genitales y para experimentar orgasmos, también mejora con una buena higiene del sueño.

● **Ejercicio físico:** el ejercicio, evidentemente, mejora el rendimiento físico, pero no solo eso: también aporta vitalidad, libera hormonas que nos hacen sentir bien (serotonina y oxitocina) y que nos permiten descansar mejor.

● **Dieta equilibrada:** una buena alimentación, basada en una variedad de alimentos nutritivos, ayuda a estabilizar las hormonas, el flujo sanguíneo, el rendimiento físico, los niveles de azúcar en la sangre y a mantener una función cerebral óptima. Estos factores repercuten directamente en la esfera sexual, ya sea en la forma en que experimentamos el deseo y la excitación como en los niveles de energía.

● **Salud mental:** cuidar de nuestra mente tanto como de nuestro cuerpo es fundamental para poder disfrutar plenamente del sexo y para que nuestro deseo no decaiga. Reducir el estrés y la ansiedad, y cuidar nuestra autoestima y nuestra salud emocional serán clave para potenciar nuestro deseo sexual.

Aunque estos hábitos se relacionan con la mejora de la calidad del deseo sexual, no hay una receta universal: el reto está en entender qué necesitas tú. Es de gran ayuda consultar a profesionales de la salud para construir tu rutina saludable y aprender a adaptarla a tu estilo de vida.

¿Cómo entrenar el deseo reactivo?

Ahora que sabes qué es el deseo reactivo (ver página 45), vamos a compartir algunas maneras de entrenarlo que pueden resultarte útiles y que puedes llevar a cabo tanto rodeándote de estímulos eróticos internos (fantasías, pensamientos, recuerdos, sueños eróticos...) como externos (relatos, audios, películas, canciones, imágenes, conversaciones...). A diferencia de esos planes para ir al gimnasio que siempre se quedan en propósitos, quizás este entrenamiento no te dé tanta pereza:

A solas

🔥 **Piensa en sexo durante 15 minutos:** el simple hecho de poner a trabajar tu mente pensando en sexo (situaciones reales o imaginarias) ayuda a activar el deseo. ¿No te lo crees? Prueba a buscar un lugar y un momento en el que no tengas distracciones ni interrupciones y deja volar tu imaginación durante 15 minutos. Puedes tirar de recuerdos o evocar imágenes o sensaciones que te resulten sexualmente satisfactorias. Déjate llevar sin juzgarte y verás cómo poco a poco te resultará más fácil activar este tipo de pensamientos. ¡Seguro que finalmente lo haces sin proponértelo!

◐ **Escribe un relato erótico:** toma lápiz y papel o un teclado y crea una historia donde tus fantasías sean las protagonistas. Recuerda que solo hay una regla: tú eres quien protagoniza la trama. Si no sabes por dónde empezar, comienza pensando en lxs protagonistas y sus características, en un escenario que te resulte erotizable y en una situación sugerente. ¡Tú decides lo que pasa a continuación!

En compañía

◐ **Planificad el sexo:** aunque tenemos muy arraigada la idea de que en las relaciones todo debe ser espontáneo, planear es un hábito de lo más sano que nos ayuda a atender tanto nuestras necesidades como las de nuestra pareja, así como a evitar que la rutina se interponga en la vida íntima.

Para poner en práctica este ejercicio, primero haced una lluvia de ideas de actividades eróticas e íntimas (desde mensajes de cariño hasta prácticas sexuales, lo que se os ocurra) y apuntad aquellas con las que ambxs os sintáis cómodxs. A continuación, colocadlas en una tabla, de manera que las filas sean lo que hayáis consensuado y las columnas, los días de la semana. ¿Y de qué servirá esta tabla? Pues muy sencillo: cada día deberéis poner una X en la actividad que os apetezca llevar a cabo. ¡Así crearéis expectativa y os encontraréis con más ganas!

● **Apuntad lo que os gusta de la otra persona:** con este ejercicio de reciprocidad positiva serás capaz de mirar a tu pareja con «nuevos ojos» y centrarás la atención en lo bueno, cosa que tiene un impacto positivo en el vínculo y el deseo. Durante una semana, observa a la otra persona y apunta todo lo que te gusta de ella (desde sus valores hasta gestos cotidianos, o incluso cómo le quedan esos pantalones). Después de esa semana, sentaos y compartid lo que hayáis apuntado: ¿hay algo que os sorprenda de lo que habéis escuchado?

● **La caja del deseo:** este ejercicio os obligará a pensar en sexo, a generar expectativas y a crear un espacio íntimo, seguro y libre de juicios donde podréis compartir vuestros deseos y fantasías, además de abordar el consentimiento y los límites. Coged una caja y, a lo largo de una semana, cada unx introducirá papelitos con deseos y/o fantasías eróticas anotados en ellos. Pasado este tiempo, sentaos y extraed cada unx un papelito para leerlos en voz alta y comentar cuáles llevaríais a cabo, cuáles dependerían de las circunstancias o qué necesitaríais para realizarlo, y cuáles definitivamente no. Después de eso, negociad y, si queréis, ¡planead!

Mindfulsex. ¿Qué es y por qué ayuda al deseo?

Vivimos en una época en la que es muy difícil encontrar un momento de paz: el estrés y la ansiedad son, prácticamente, una constante en nuestras vidas.

Es probable que hayas oído hablar de una nueva tendencia para evadirse cuando sentimos que la rutina nos engulle: el *mindfulness*. Esta técnica consiste en ser plenamente conscientes del momento en el que estamos para disfrutar de aquello que nos rodea. Además, se puede aplicar al terreno sexual, lo que se conoce como *mindfulsex*, y se puede practicar tanto a solas como en pareja.

Según Lori Brotto, psicóloga pionera que definió el término *mindfulsex*, esta práctica puede ser sumamente efectiva como tratamiento para las dificultades sexuales relacionadas con la ansiedad performativa, el estrés, la depresión, el bajo deseo, los problemas de imagen corporal, el dolor crónico y las malas experiencias sexuales.[16] En definitiva, ser consciente y estar presente durante cada acto sexual puede convertir cualquier experiencia en una revelación a nivel físico, mental y emocional. Esta práctica te ayudará a reencontrarte, a sentirte mejor en tu cuerpo, a mejorar el deseo sexual y la excitación, a reducir la ansiedad y el autojuicio y, por tanto, a disfrutar más de las prácticas sin preocuparte por los prejuicios y los pensamientos y sin prisas ni expectativas. ¿Te han dado ganas de ponerlo en práctica? Te explicamos por dónde empezar.

[16] Brotto, L., Chivers, M., Millman, R., Albert, A., «Mindfulness-Based Sex Therapy Improves Genital-Subjective Arousal Concordance In Women With Sexual Desire/Arousal Difficulties», *Archives of Sexual Behavior*, 45(8), 2016, páginas 1907-1921.

Cómo practicar
mindfulsex

Aunque al principio puede parecer un poco complicado echar el freno y centrarte en el presente, te prometemos que una vez empieces a ponerlo en práctica no podrás concebir el sexo (y puede que hasta la vida en general) sin el *mindfulsex*. Antes de entrar en materia con los ejercicios, te dejamos 4 consejos para integrar la atención plena en el sexo:

🔥 **Acepta tus emociones:** céntrate en lo que sientes en ese momento sin tratar de reprimirlo. Sé consciente de cuáles son tus sentimientos presentes, sin intentar modificarlos y considerándolos como algo natural y comprensible.

🔥 **Mantén la mente activa:** para muchas personas, poner la mente en blanco es complicado, por eso te animamos a que no intentes frenar tus pensamientos. Vendrán y se irán: obsérvalos, libéralos y vuelve al momento presente ayudándote de la respiración.

◖ **No hay una única forma de meditar:** no es necesario que estés sentadx en el suelo con los ojos cerrados. Puedes meditar respirando mientras das un paseo, a través del movimiento del cuerpo, escuchando música, durante el sexo... Solo necesitas un elemento que te permita estar en el aquí y el ahora para disfrutar del momento presente.

Y recuerda ser amable contigo mismx. No te castigues si no logras meditar todos los días, si te cuesta seguir estos pasos o si solo logras hacerlo 5 minutos en lugar de 30. ¡Es mejor la calidad que la cantidad! Fíjate objetivos realistas y respeta tus tiempos. Intenta incorporar la práctica con afecto y amor hacia ti mismx, el resto vendrá solo. Además, los ejercicios que te propondremos puedes practicarlos primero a solas y, una vez los domines, en compañía.

A solas

◖ **Escáner corporal:** para poder experimentar el placer, lo primero es conocer bien tu cuerpo. Este ejercicio te permitirá descubrir qué tipo de tocamientos y caricias y en qué parte te hacen sentir mayor placer. Y este conocimiento te servirá tanto para masturbarte como para cuando tengas sexo con otra persona.

1. Túmbate, pon música relajante y cierra los ojos.
2. Pon una mano en tu corazón y la otra sobre tus genitales y siente tu respiración en las manos.
3. Observa tus pensamientos. Centra tus pensamientos en esas partes de tu cuerpo.
4. Contempla cualquier sensación que experimentes. Tienes que estar presente en la experiencia de tu cuerpo. Aquí solo estás tú. Déjate fluir.

5. Cuando sientas que ya has tenido suficiente, lleva ambas manos sobre los hombros opuestos, como si te estuvieras abrazando. Disfruta de este momento de gratitud hacia tu cuerpo y tu mente. Intenta permanecer unos minutos más así, en silencio, respirando y estando presente.

● **Masturbación consciente:** nos hemos acostumbrado a que la masturbación sea algo rápido, ya sea por ganas de descargar tensiones con prisa o porque es algo que hacemos a escondidas y deprisa cuando somos adolescentes. Queremos que cambies de mentalidad y te toques como si fuera la primera vez que te masturbas.

1. Dedícale un tiempo a tu cuerpo y, cuando te apetezca, baja las manos hacia tus genitales. Explóralos con suavidad y cariño y acaricia todas sus partes. Aquí también se trata de descubrir, poco a poco, y centrarte en la respiración y las sensaciones que te proporciona tu mano.
2. Ve parte por parte, prueba diferentes presiones, movimientos e incluso velocidades. Recuerda que el objetivo no es llegar al orgasmo, sino disfrutar y sentir placer. El viaje en sí es lo más importante.

En compañía

● **Conexión a través del masaje:** no necesitáis hacer masajes profesionales para practicar este ejercicio, basta con escuchar y sentir las reacciones de la otra persona. Podéis usar un aceite de masajes para que sea más agradable e incluso podéis tapar los ojos de la persona que vaya a recibir el masaje para que se concentre más en las sensaciones.

1. Empieza masajeando con un solo dedo, después con las puntas de los dedos y, finalmente, con toda la palma de la mano.
2. Si estás dando el masaje, pregunta a la otra persona qué le gusta, dónde le apetece que le masajees y con qué intensidad.
3. Si estás recibiendo el masaje, es muy importante que escuches a tu cuerpo y pidas lo que quieras.
4. Cuando acabéis, ¡cambiad los roles!

● **Sexo consciente:** ¡ya llegamos al momento tan esperado! Aplicad todo lo aprendido en los ejercicios anteriores, desconectad del mundo exterior para conectar vuestros cuerpos y mentes. No es que tengamos nada en contra de la penetración (en el caso de que la queráis practicar), pero intentad acariciaros y alargar al máximo el momento antes de llegar a esa práctica. Podéis parar de vez en cuando para miraros a los ojos, sincronizar vuestras respiraciones y seguir.

Tenéis que ser conscientes de vuestra conexión física y del momento que estáis disfrutando. Empezad con una buena sesión de caricias y, sin dejar de sentir vuestros cuerpos, id subiendo poco a poco el ritmo. Observad, prestad atención al tacto, los olores, los gustos, las texturas y... ¡dejaos llevar!

Las fantasías

¿Qué son las fantasías?

Estás en el metro de camino al trabajo y, de repente, dejas de prestarle atención a todo. Sin oponer resistencia, tu mente te ha arrastrado –a ti y a la persona que tienes delante– a una realidad paralela en la que vuestras manos, piel y bocas se mezclan, se agarran, se muerden y... ¡puf! Un parpadeo más consciente te devuelve al metro, pero con la escena aún fresca en tu pensamiento.

Las fantasías como esta, que pueden surgir de manera más o menos consciente, son las piezas de un puzle enorme y plural llamado «imaginario erótico». Además de activarnos eróticamente, nos permiten vivir realidades diferentes a la única que conocemos. Pero lo más interesante es que tiene el poder de conectarnos con nuestra sexualidad a través de proyecciones mentales.

Para construir estos cortometrajes (¡o largos, si tienes suerte!), la mente se sirve de los sentidos y, con ellos, añade realismo y todo tipo de detalles: podemos fantasear con olores, gustos, voces, calor, dolor... Vamos, que el verdadero motor de nuestro placer está entre las orejas y no entre nuestras piernas.

¿Todo el mundo fantasea?

Se sabe que todo el mundo piensa constantemente, incluso durmiendo. De la misma forma, cada persona imagina y tiene una capacidad más o menos desarrollada de crear fantasías sexuales. Sin importar el género, la cultura o las diferencias interpersonales, se estima que el 98 % de las personas ha tenido fantasías eróticas a lo largo de su existencia.[17]

Eso sí, cada persona tiene su propio caleidoscopio personal de fantasías: es posible que en tu grupo de amigxs haya quien fantasee con situaciones que a ti te suscitan emociones para nada eróticas –o incluso ambivalentes–, de la misma forma que tus fantasías podrían generar discrepancias en tu grupo. Si esto lo extiendes a la población mundial, entenderás la infinidad de gustos que existen.

Así que, si crees que tus fantasías son demasiado extravagantes, no dudes de que las personas que te rodean piensan lo mismo de las suyas. Probablemente, al decirlo seas solo más sincerx.

---

[17] Lehmiller, J. J., *Tell Me What You Want: The Science of Sexual Desire and How It Can Help You Improve Your Sex Life*, Hachette UK, Londres, 2018.

¿Sabías que el 60 % de las personas asexuales afirman tener fantasías sexuales?[18] Aunque menos frecuentemente que otras personas con orientaciones alosexuales, es decir, que experimentan atracción sexual hacia otras personas.

[18] Yule, M., Brotto, L., Gorzalka, B., «Sexual Fantasy and Masturbation Among Asexual Individuals», *The Canadian Journal of Human Sexuality*, 23(2), 2017, páginas 311-328.

¿Por qué fantaseamos?

Las razones por las cuales fantaseamos son diversas, especialmente cuando lo hacemos de forma consciente. Algunos de los principales motivos que nos impulsan a darle rienda suelta a la imaginación erótica son los siguientes:[19]

• Para excitarnos (79,5 % de las personas).
• Para experimentar sensaciones nuevas (69,8 %).
• Para escapar de la realidad (59,4 %).
• Para expresar un deseo que socialmente se vive como un tabú (58,4 %).
• Para planear un encuentro sexual futuro (55,7 %).

¡Aunque existe un sinfín de razones más! Sea cual sea tu motivación, queremos que recuerdes que las fantasías son herramientas que puedes utilizar para enriquecer tu sexualidad y vivirla de forma más plena.

[19] Lehmiller, J. J., *Tell Me What You Want: The Science of Sexual Desire and How It Can Help You Improve Your Sex Life*, Hachette UK, Londres, 2018.

Por qué fantaseamos

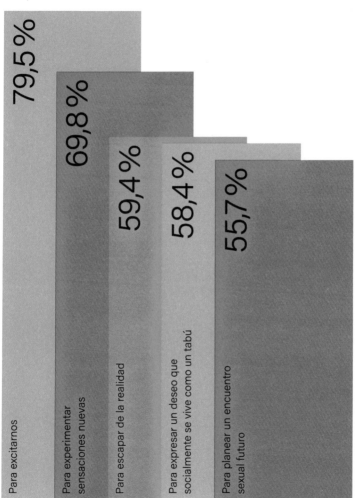

79,5 %
Para excitarnos

69,8 %
Para experimentar
sensaciones nuevas

59,4 %
Para escapar de la realidad

58,4 %
Para expresar un deseo que
socialmente se vive como un tabú

55,7 %
Para planear un encuentro
sexual futuro

Las fantasías más frecuentes

Si bien cada persona es un mundo, con las fantasías sucede lo mismo. No hay dos imaginarios eróticos iguales. Sin embargo, una investigación del 2018[20] afirma que, dentro de las historias más variopintas que suceden en nuestra mente, existen tres grandes grupos, ya que son las más comunes:

● **Tríos y sexo grupal:** ¿quién dijo que el sexo es cosa de dos? En nuestra mente, plantear escenarios que involucren a más gente puede resultar intrigante y divertido. De hecho, experimentar prácticas con diferentes personas a la vez convierte esa fantasía en algo inesperado e insólito.

En dicho estudio, con más de 4000 entrevistadxs en Estados Unidos, se les preguntó a lxs participantes si alguna vez habían tenido fantasías con más de una persona y la gran mayoría lo confirmaron (el 95 % de los hombres cis y el 87 % de las mujeres cis).

Además, dijeron que la interacción con otras personas en esa fantasía, es decir, la experiencia grupal, era más importante que las personas en las que pensaban o dónde se imaginaban realizando la práctica sexual.

El estudio también concluyó que fantasear con tríos y sexo grupal incluye el interés en mirar a lxs demás, ya que produce excitación. Se trata de lo comúnmente conocido como voyerismo.

● **Dominación, sumisión y sexo *kinky*:** los roles de poder y control, siempre de la mano del consentimiento, son parte de la experiencia sexual. De hecho, jugar con prácticas no convencionales, como el BDSM

---

[20] Lehmiller, J. J., *idem.*

Roles en las fantasías de dominación

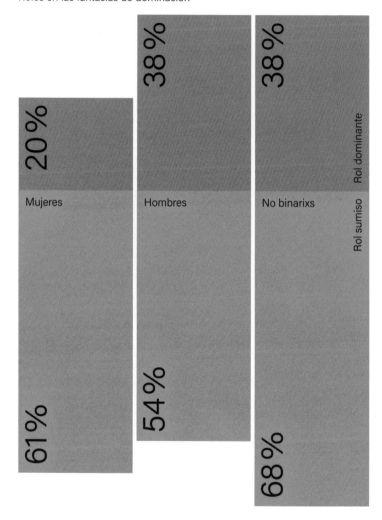

20%

38%

38%

Mujeres

Hombres

No binarixs

Rol dominante

Rol sumiso

61%

54%

68%

(*bondage*, disciplina, dominación, sumisión, sado/masoquismo), un grupo de prácticas y fantasías eróticas no convencionales, puede aportar un chute de adrenalina y ser una forma de relajación y conexión profunda con nuestros sentidos. Volviendo al estudio, el 61 % de las mujeres cis y el 54 % de los hombres cis, así como el 68 % de participantes no binarixs, afirmó fantasear con tener sexo en un rol sumiso. Por otro lado, el 20 % de las mujeres cis, el 38 % de los hombres cis y el 20 % de participantes no binarixs dijo que fantaseaba con tener sexo en un rol dominante.

◆ **Novedad, aventura y variedad:** la novedad emociona, ya sea haciendo planes nuevos o en el imaginario erótico, experimentando realidades diferentes. Y es que lo impredecible se escapa a nuestro control y requiere una buena dosis de motivación y valentía.

El estudio anteriormente mencionado recogió algunas fantasías relacionadas con actividades concretas:
• Tener relaciones sexuales en entornos únicos, como parques, aviones, ascensores...
• Tener encuentros sexuales inesperados, sorprendentes o emocionantes.
• Disfrutar de prácticas fuera de la norma.
• Experimentar con alimentos, como nata, chocolate o fresas.
• Experimentar con tecnología, como videojuegos, realidad virtual o a través de redes sociales.
• Usar juguetes eróticos.

El denominador común de todas ellas es el hecho de que se salen de lo convencional y añaden un toque de sorpresa a nuestra vida. En pocas palabras: nos van los giros inesperados.

Los hombres y las mujeres cis tienen mucho en común: la mayoría de las fantasías estereotípicamente «masculinas» y «femeninas» son comunes a todos los géneros, pero existen algunas diferencias importantes: fantasear con relaciones grupales es más frecuente en el género masculino, mientras que los roles dominantes y sumisos, así como la novedad, son más frecuentes entre mujeres cis.[21]

De camino a un sitio, teniendo una conversación, a solas en la habitación... Las ocasiones en las que fantaseamos más a menudo también pueden ser tan insólitas como el contenido de nuestras proyecciones eróticas. En orden de mayor a menor frecuencia, según esta extensa investigación, estos son los momentos más habituales en los que tenemos fantasías eróticas:

[21] Lehmiller, J. J., *idem*.

Cuándo tenemos fantasías eróticas

Mientras se conversa con otra persona **54,3%**

En el trabajo **60,4%**

Viendo la televisión o películas **68,9%**

Durante las relaciones sexuales con una pareja **69%**

Durante la masturbación a solas **92,4%**

¿Sabías que la edad influye en nuestra forma de fantasear? O, mejor dicho: nuestro desarrollo sexual, nuestras experiencias, así como nuestra forma de entender la sexualidad, tienen un impacto en nuestras fantasías.

Lxs jóvenes tienen un repertorio de fantasías menos diverso que lxs adultxs. Además, estadísticamente, el imaginario erótico es más extenso y variado a los 40 años y comienza a declinar a los 50, cuando se prefieren unas fantasías determinadas.[22]

[22] Lehmiller, J. J., *idem*.

Tanto nuestra forma de relacionarnos con el sexo como los aprendizajes que interiorizamos socialmente construyen la manera en la que pensamos e imaginamos, incluso en el aspecto sexual. Por tanto, ser hombre o ser joven no constituyen, per se, requisitos para desarrollar algunas fantasías. Lo que sucede más bien es que adaptamos nuestras fantasías a nuestros roles de género según la etapa de la vida en la que nos encontramos.

¿Se puede fantasear y sentir vergüenza o culpabilidad?

Fantasear es una habilidad maravillosa que nos permite conocernos más profundamente. A través de ella podemos explorar cuáles son las fronteras de nuestro placer. Pero ¿qué pasa si fantaseamos con algo que nos genera culpa, vergüenza o inseguridad?

Al igual que con otro tipo de pensamientos que no estén relacionados con la esfera sexual, el cerebro es capaz de plantearnos escenarios que nos aterran y nos desorientan. Aun así, recuerda que los pensamientos, pensamientos son. Y las fantasías eróticas no son la excepción.

Divagar mentalmente es un proceso natural del cerebro que no define quiénes somos ni dice nada acerca de nuestros valores o deseos. Por decirlo de otra forma: fantasear con algo no significa que queramos cumplir esa fantasía.

De hecho, una de las estrategias que solemos poner en práctica para silenciar una fantasía incómoda es intentar alejarla de nuestra mente. Esta conducta evitativa, sin embargo, suele generar un efecto bumerán: lo que nos prohibimos pensar vuelve con mucha más fuerza, suscitando aún más dudas y malestar. Así que permítete fantasear sin juzgarte y deja que tu mente sea creativa. Si tienes presente que las fantasías son tan solo eso, dejarás a un lado la vergüenza y la culpabilidad.

Perfecciona tu capacidad de fantasear

Convertirte en expertx a la hora de alimentar tu deseo e imaginario sexual pasa por trabajar las fantasías, el combustible que tu mente necesita. Eso sí, antes de empezar, recuerda que cada persona tiene su propio mundo privado de fantasías. Lo cual es una noticia fantástica: no necesitas amoldarte a las fantasías de lxs demás, ¡sé creativx!

Y, para que la experiencia de fantasear no se convierta en algo repetitivo, lo ideal será que te centres en diferentes aspectos como los que te proponemos:

🔥 **Con personas:** cierra los ojos para favorecer la concentración y piensa en un escenario que te resulte fácil de imaginar. No hace falta que haya mucho detalle porque el protagonismo de esta fantasía lo tendrá la otra persona (o personas). Piensa en esa tensión entre ambxs: ¿os miráis desde lejos? ¿Os acercáis sin decir una palabra? ¿Rozáis vuestros cuerpos a plena luz del día? ¿Cómo iniciáis el contacto? ¿Qué te dice? ¿Cómo te hace sentir?

● **Con lugares:** aunque suene a tópico, las localizaciones en las que nos imaginamos teniendo sexo pueden ser una potente fuente de erotismo. Y es que tener encuentros sexuales en distintos sitios, especialmente si son públicos y el riesgo de ser descubiertxs entra en la ecuación, está en el top 3 de fantasías sexuales más frecuentes de la población mundial.[23] Así que, focaliza la atención en tu entorno o recrea uno en tu mente y cárgalo de erotismo.

● **Con partes del cuerpo:** plantea un escenario sin mucho detalle. Ahora es importante que prestes atención a las partes de tu cuerpo que recibirán justo la estimulación que deseas: ¿un mordisquito en el lóbulo de la oreja? ¿Besos en el cuello? ¿Estimulación suave del clítoris? ¿Por encima o por debajo de la ropa? ¿Círculos con la lengua en el glande? ¿Masaje en los testículos? Siente todo lo que imaginas en tu propia piel y llévate al límite.

● **Con prácticas:** ¿cuántas veces has fantaseado con alguna práctica sexual en concreto? Voyerismo, BDSM, *petting*, sexo anal, doble penetración... Además, si es algo que no sueles hacer en tu día a día, es absolutamente normal que te genere curiosidad. Y excitación. Así que, esta vez, es importante que te detengas a pensar en la práctica que elijas y la erotices al máximo.

[23] Lehmiller, J. J., *idem.*

Fantasía *vs.* deseo

Para terminar de afianzar estos dos conceptos, existe una clara diferencia entre las fantasías y el deseo. Las primeras pueden ser deseadas o completamente aleatorias, y consiguen excitarnos por lo erótico que nos resulta su contenido. En cambio, el deseo son las ganas de hacer algo, lo cual implica cierto grado de voluntad para llevarlo a cabo.

En resumidas cuentas: si fantaseas con algo, no significa que desees cumplirlo. De la misma manera, si deseas algo, no necesariamente fantasearás con ello.

Los sueños eróticos

Un viaje a tu subconsciente más íntimo

Un dato que quizás desconoces es que, cuando duermes, tu cerebro no se encuentra descansando, al contrario, ¡tiene más vida que nunca! Y es que la mente es superenérgica, incluso cuando no estás despiertx. De hecho, es el momento en el que más activa se encuentra.

Así que, como puedes imaginar, también existe una intensa actividad sexual cuando estamos descansando. De hecho, el 8 % de todos nuestros sueños son sueños eróticos.[24] Que te acuerdes con detalle de todos ellos ya es otra historia... Misteriosos, excitantes o singulares, los sueños eróticos son parecidos a las fantasías, pero ocurren cuando dormimos, más allá de nuestra consciencia.

Dicho de otra forma, los sueños son imágenes aleatorias que evoca nuestra actividad cerebral durante las fases REM del sueño. Estos se dan por una combinación de elementos: recuerdos, emociones, sensaciones físicas (la erección, por ejemplo) que se unen y desarrollan relatos eróticos

---

[24] Vaillancourt-Morel, M., Daspe, M., Lussier, Y., Zadra, A., «Targets of Erotic Dreams and Their Associations With Waking Couple and Sexual Life», *Dreaming*, 31(1), 2021, páginas 44-56.

con o sin sentido lógico. Es lo que se conoce también como tener «sueños húmedos» y es mucho más frecuente de lo que crees. Según investigaciones realizadas acerca de este tema, el 95 % de la población general tiene sueños eróticos.[25] Además, las diferencias entre géneros son poco significativas: el 93 % de los hombres cis y el 86 % de las mujeres cis afirman haberlos tenido, por lo menos, una vez en la vida.[26]

Sueños eróticos

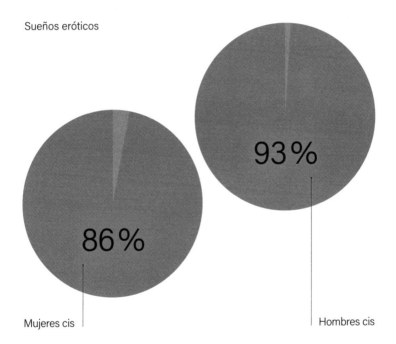

Mujeres cis

Hombres cis

[25] Vaillancourt-Morel, M., *idem*.

[26] Schredl, M., Ciric, P., Götz, S., Wittmann, L., «Typical Dreams: Stability and Gender Differences», *The Journal of Psychology*, 138(6), 2004, páginas 485-494.

¿Sabías que la frecuencia de sueños eróticos puede estar relacionada con la posición para dormir? Según un estudio publiado en 2012, las personas que duermen bocabajo tienen más sueños con contenido sexual.[27]

[27] Yu, C. K.-C. «The Effect of Sleep Position on dream experiences», *Dreaming*, 22(3), 2012, página 212.

[28] Yu, C. K.-C., Fu, W., «Sex Dreams, Wet Dreams, and Nocturnal Emissions», *Dreaming*, 21(3), 2011, página 197.

[29] Vaillancourt-Morel, M., Daspe, M., Lussier, Y., Zadra, A., «Targets of Erotic Dreams and Their Associations With Waking Couple and Sexual Life», *Dreaming*, 31(1), 2021, páginas 44-56.

Sueños eróticos *vs.* eyaculación nocturna

Quizás pensabas que una manera de averiguar si habías tenido un sueño erótico era fijarte en cómo se había despertado tu cuerpo. Pero lo cierto es que las eyaculaciones nocturnas –emisión de fluidos que se produce durante el sueño– no tienen que ir acompañadas de sueños eróticos, ni los sueños de alta carga sexual desencadenan esa respuesta en el cuerpo.

De hecho, los procesos oníricos –relacionados con imágenes y sucesos que imaginamos al dormir– y los de la eyaculación son fisiológicamente diferentes: la eyaculación puede originarse desde impulsos nerviosos que se dan en la columna vertebral, mientras que los sueños siempre se originan en el cerebro, aunque sea de forma inconsciente.[28] Por tanto, la conclusión es que sí: puedes tener eyaculaciones (vaginales también) incluso sin sueños que las acompañen.

¿Los sueños significan algo?

Se ha especulado mucho sobre el significado de los sueños, incluso los eróticos, pero lo cierto es que los sueños son sencillamente una elaboración inconsciente de experiencias, pensamientos y emociones con las que nos hemos topado cuando estábamos despiertxs. Fuéramos conscientes de ello o no.

No obstante, si mantienes la esfera íntima de tu vida activa –mental o físicamente–, tus sueños se beneficiarán de ello. Según una investigación de 2021,[29] las personas que practican más sexo (sea a solas o compartido), tienen sueños eróticos con más frecuencia que el resto. De la misma forma, quien fantasea más tiene más papeletas de reproducir ese contenido en sus sueños y, como resultado, ¡despertarse con una sonrisa!

Sueños *vs.* deseo

¿Cuántas veces te has levantado preguntándote si soñar con algo erótico significaba desearlo realmente? Soñar y desear no van necesariamente de la mano, son dos procesos diferentes. Nuestro consejo es que no dediques demasiado tiempo a sacar conclusiones sobre su significado. Los sueños no son mensajes ocultos ni premoniciones, son solo sueños.

Aun así, en ocasiones nuestros sueños son una expresión de emociones y deseos o fantasías subyacentes. Según el estudio mencionado anteriormente acerca de los sueños eróticos,[30] las personas que se encuentran en relaciones largas y satisfactorias, con mayor deseo sexual y mayor frecuencia de relaciones sexuales, tienen más posibilidades de soñar eróticamente con su pareja. Pero ten en cuenta que esto es solo un dato y no significa que sea automático, ni tiene que ver con el nivel de satisfacción que puedas sentir en tu relación.

[30] Vaillancourt-Morel, M., *et al., idem.*

Cómo tener más sueños eróticos

Que afirmemos que los sueños eróticos no son una ciencia cierta se debe a que no hay muchas evidencias que indiquen qué podemos que hacer para propiciarlos. Aun así, en 2019 se publicó un estudio que respalda algunos hábitos que ayudarían a tenerlos:[31]

• Pensar (mucho) en sexo durante el día.
• Recrearte en tus fantasías eróticas.
• Pensar en cosas que te exciten antes de dormir.
• Romper tabúes y disfrutar del erotismo.

Además de esto, ¿recuerdas el dato sobre dormir bocabajo? Queda mucho por investigar sobre el tema, pero nos podemos quedar con algo: según este mismo estudio, aparentemente, si adoptas esta postura, podrías propiciar una vida llena de sueños eróticos.

[31] Schredl, M., Geißler, C., Göritz, A. S., «Factors Influencing The Frequency of Erotic Dreams: An Online Study», *Psychology & Sexuality*, páginas 1-9, doi.org/10.1080/19419899.2019.1638297.

Estos consejos se apoyan en el hecho de que los sueños beben de las experiencias del día a día, así como de emociones, recuerdos y estímulos sensoriales. Así que tiene sentido afirmar que, cuanto más presente esté el sexo en nuestra vida consciente, más probabilidades habrá de que salga a la luz en el inconsciente y, por tanto, experimentemos sueños eróticos, ¿no?

Segunda parte

EL PLACER, EN LA ESFERA FÍSICA

La masturbación

De igual manera que recordar el estribillo de tu canción favorita hace
que te den ganas de bailar o tararear la letra, el deseo sexual, las fantasías
y los sueños eróticos tienen un impacto en nuestra respuesta física.
Esto se debe a que la esfera mental de nuestro espectro sexual puede
ser también un estímulo sexual. De la misma manera, la interacción
sexual con nuestro cuerpo, ya sea solxs o en pareja, alimenta también
el imaginario y el deseo.

Cuerpo y mente están en constante conexión, por lo que, si
dejamos de concebirlos como elementos independientes de nuestra
sexualidad y los vivimos como las dos caras de la misma moneda,
nuestra vida íntima se verá enriquecida. ¿Cuál es el mejor ejemplo
de esta sinergia? La masturbación.

¿Todxs nos masturbamos por igual?

La masturbación es una actividad universal, casi todo el mundo la practica sin importar genitales, géneros u orientaciones sexuales. Y, sin embargo, según las estadísticas, las personas que tienen pene empiezan antes a masturbarse, y lo harán con más frecuencia, que las que tienen vulva.[32]

¿A qué se debe esto? No es algo que tenga relación con la diferencia biológica, sino más bien con cómo nos educan, y es que desde pequeñxs nos enseñan a cumplir con roles de género.

Si pensamos en las conductas más íntimas, lo frecuente es que a las mujeres y personas con vulva les haya costado más explorar sus genitales y, si lo han hecho, hayan sentido culpa o vergüenza. Cuando estas conductas van acompañadas de emociones poco positivas, eso se traduce en una relación más superficial con la sexualidad. El resultado es una menor frecuencia de disfrute erótico y autoconocimiento, lo cual conlleva, a largo plazo, al autojuicio y a un menor acceso a la esfera placentera y lúdica de la sexualidad.

Por eso es fundamental que, desde edades muy tempranas, nos relacionemos con nuestro cuerpo sin sentir el plano sexual como algo vergonzoso, sino aprendiendo a disfrutarlo, porque los beneficios de hacerlo son incontables.

[32] Cervilla, Ó., Vallejo-Medina, P., Gómez-Berrocal, C., Sierra, J. C., «Development of the Spanish short version of Negative Attitudes Toward Masturbation Inventory», *International Journal of Clinical and Health Psychology*, 21(2), 2021, 100222, doi:10.1016/j.ijchp.2021.100222.

¿Cuáles son los beneficios de la masturbación?

Masturbarse mejora nuestra actitud acerca la sexualidad y nos conecta a ella.[33] A pesar de que históricamente la masturbación se ha impregnado de mitos y falsas creencias, lo cierto es que es una práctica más que saludable. De hecho, un estudio publicado en 2007[34] concluyó que el autoplacer promueve el bienestar del sistema circulatorio, neuronal y muscular y tiene beneficios emocionales inmediatos en la salud mental.

Otro dato recogido de un estudio de 2013[35] es que la relación entre esta práctica y las fantasías es muy estrecha, y es que masturbarse está relacionado con fantasear de manera más frecuente, contar con un repertorio más amplio y tener mayor facilidad para alcanzar la excitación y el orgasmo. Lo que significa que ambas cosas se retroalimentan.

En 2018,[36] otra investigación arrojó que las personas con mejor actitud hacia la sexualidad (lo que incluye recurrir a su imaginario erótico cuando se masturban) tienen orgasmos más satisfactorios e intensos durante sus prácticas de autoplacer. Y, como no podía ser de otra forma, también lo hacen más a menudo. Es como si la predisposición al disfrute favoreciese el propio disfrute.

Además, para que tengas una idea más clara de sus beneficios, vamos a desglosarlos:

[33] Cervilla, Ó., Vallejo, P., Gómez, C., de la Torre, D., Sierra, J. C., «Validación de la Orgasm Rating Scale en el contexto de la masturbación», *Psicothema*, 34(1), 2022, páginas 151-159.

[34] Levin, R. J., «Sexual Activity, Health and Well-Being – The Beneficial Roles of Coitus and Masturbation, *Sexual and Relationship Therapy*, 22(1), 2007, páginas 135-148.

[35] Driemeyer, W., «Masturbation und Sexuelle Gesundheit–ein Forschungsüberblick [La masturbación y la salud sexual], *Zeitschrift für Sexualforschung*, 26(4), 2013, páginas 372-383.

Beneficios psicológicos

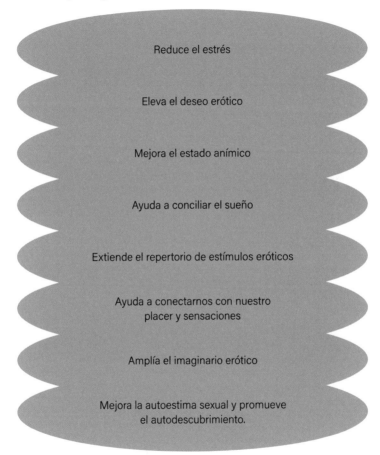

Reduce el estrés

Eleva el deseo erótico

Mejora el estado anímico

Ayuda a conciliar el sueño

Extiende el repertorio de estímulos eróticos

Ayuda a conectarnos con nuestro placer y sensaciones

Amplía el imaginario erótico

Mejora la autoestima sexual y promueve el autodescubrimiento.

[36] Arcos-Romero, A., Moyano, N., Sierra, J. C., «Psychometric Properties of the Orgasm Rating Scale in Context of Sexual Relationship in a Spanish Sample», *The Journal of Sexual Medicine*, 15(5), 2018, 741-749.

Beneficios físicos

Mejora el sistema cardiovascular

Fortalece el sistema inmunológico

Mantiene en funcionamiento los genitales
y les proporciona oxígeno

Alivia dolores como cefaleas y migrañas

Descarga tensiones

Previene la atrofia vulvovaginal

Mejora la funcionalidad sexual
(lubricación, erección, orgasmo...)

Mejora la salud del suelo pélvico

Beneficios en la pareja

Mejora la autoconsciencia corporal

Facilita la comunicación acerca del placer,
los límites y el consentimiento

También hay una serie de razones que no tienen nada que ver con el placer, de la misma forma que no comemos solo por hambre, sino también por aburrimiento, por compartir momentos con otras personas o por probar sabores nuevos. Entre otros motivos para masturbarse, más allá del disfrute, se encuentran gestionar la tensión o el nerviosismo, relajarse y evadirse de los problemas del día a día.[37] ¡Es un remedio antiestrés que siempre tienes al alcance de tu mano!

[37] Burri, A., Carvalheira, A., «Masturbatory Behavior in a Population Sample of German Women», *The Journal of Sexual Medicine*, 16(7), 2019, páginas 963-974.

¿Cómo sé si me estoy masturbando demasiado?

¿Masturbarse excesivamente conlleva algún riesgo? Como todos los excesos, la masturbación también puede dejar de ser una actividad divertida y convertirse en una necesidad.

El problema no reside en la cantidad de veces que te masturbas; hacerlo más de una vez al día no tiene por qué ser un problema. Lo que te predispone a que tu relación con la masturbación cambie y se convierta en algo a lo que prestar atención son las razones por las cuales lo haces.

Si necesitas hacerlo para intentar paliar una situación en la que los niveles de ansiedad son muy altos y además eso te genera malestar, te aísla de tus relaciones sociales y le resta tiempo y calidad a tu vida diaria, entonces podrías haber desarrollado una conducta adictiva.

La principal responsable de que desarrollemos una adicción es la dopamina, cuyo nombre es probable que te suene. Conocida como «la hormona de la felicidad», esta sustancia está vinculada con el circuito de recompensa del cerebro, que nos hace sentir bien cuando escuchamos música, salimos a correr, planeamos una escapada con amigxs y, cómo no, cuando nos masturbamos.

Cuando empezamos a necesitar esa recompensa, ya sea porque sentimos malestar por diferentes razones o porque el malestar se deriva de no tenerla, es cuando debemos prestar atención a nuestro autocuidado.

¿Por qué llego al orgasmo cuando me masturbo, pero no en compañía?

Tener dudas durante el sexo es algo bastante habitual, pero algunas de ellas tienen más probabilidades de generarnos inseguridades que otras. Por ejemplo, ¿te has preguntado alguna vez por qué te resulta más sencillo tener orgasmos a solas que en compañía? Disfrutas con alguien, incluso puede que mucho más que a solas, pero el orgasmo ni está ni se le espera. Y, para colmo, eso acarrea frustración. Si te ha pasado, lo más seguro es que hayas sacado muchas conclusiones que –*spoiler*– probablemente apunten a ideas muy dispares y no del todo ciertas. Además, esas ideas no suelen ser muy tranquilizadoras, al contrario.

Antes de que sigas dándole vueltas, déjanos confirmarte que es natural tener respuestas sexuales diferentes en función del contexto, sobre todo si estamos con alguien. Hay personas que necesitan la luz apagada para disfrutar, otras que se sienten más cómodas con música de fondo e incluso hay quien debe llevar siempre los calcetines puestos.

Es posible que tu forma de vivir el sexo cuando estás a solas respecto a cuando decides compartirlo con alguien sea muy distinta. Contigo mismx sueles hacer lo que te gusta, te permites fantasear con más libertad, te tomas el tiempo que necesitas sin sentir culpabilidad y, por supuesto, vives tu placer sin nadie juzgándote.

Vale la pena que confrontes las dos situaciones: ¿qué dinámicas se ponen en marcha cuando tienes sexo con alguien? Y, por el contrario, ¿cómo vives el sexo contigo mismx? Lo ideal sería que esa comodidad y confianza que tienes de manera autónoma se traslade a cuando la intimidad se comparte.

En definitiva, para vivir una sexualidad más feliz y menos estricta, es importante conocerte en tu propia intimidad. Solo de esta manera podrás comunicarte con tus parejas sexuales acerca de tus gustos, fragilidades y deseos. Y, sobre todo, recuerda: no hay una manera de hacerlo bien o mal, sino que se trata de que construyáis vuestros espacios de diálogo, que os permitan expresaros de la manera más fácil y agradable posible.

El sexo es todo

En algún momento de tu vida puede que hayas hecho una distinción entre el coito y el resto de las prácticas, mal llamadas «preliminares». Pero ¿te has parado a pensar el porqué de esta categorización?

Quizás se debe a que tu idea del sexo está vinculada a la de penetración y todas las demás prácticas las entiendes como accesorias. Son útiles para excitarte, pero no las protagonistas del encuentro. A lo mejor con la edad has cambiado de parecer, pero si en algún momento has creído que existía esta categoría de prácticas «de segunda» puede que te hayas perdido por el camino gran parte de tu disfrute.

Para ayudarte a darle una vuelta a tu idea de sexualidad, empieza a plantearte que todo lo que ocurre en la intimidad erótica es sexo. Eso incluye los roces, el sexo oral, el *sexting*, el BDSM y una infinidad de actividades más. Haya o no penetración, genitales de por medio u orgasmo. ¡Incluso una mirada puede generar un intenso placer sexual!

Recuerda que ampliar tu forma de pensar en el sexo hará que lo comprendas y disfrutes desde una perspectiva más sana, realista y feliz.

Coitocentrismo y falocentrismo

Existe una estrecha relación entre que la palabra «preliminares» esté en tu vocabulario y que «coitocentrismo» no te suene de nada.

Si en algún momento has considerado que algunas prácticas eran solo de «calentamiento» para la penetración, has sido coitocentrista. Esto significa que puede que hayas vivido tu sexualidad considerando el coito como el centro de las relaciones sexuales y que las demás prácticas hayan sido incompletas o no del todo placenteras.

Esto tiene un inconveniente: cuando todo el protagonismo recae en la penetración vaginal, obviamente aludiendo solo al pene y a la vagina como participantes, significa que todo lo variado que resulta el universo sexual se reduce a una sola práctica. Quedan excluidas de la ecuación incalculables formas de sentir y proporcionar placer. Además, implica que únicamente el pene y la vagina conducen a relaciones lícitas y satisfactorias. ¡Como si no pudieras disfrutar con cada centímetro de tu cuerpo!

El término «coitocentrismo» va de la mano de otro: «falocentrismo». Como su nombre indica, significa que el foco de la atención en la sexualidad, así como la vía para sentir placer, residen en el pene. Esto no solo es una distorsión cognitiva importante capaz de alejarnos del disfrute, sino que también conlleva un aluvión de prejuicios y presión en lo que al pene se refiere. De hecho, cuestiones como el tamaño, el vigor de las erecciones y la duración antes de eyacular se vuelven sustanciales para que una persona pueda vivir una sexualidad plena.

Los caminos del placer

Que el coitocentrismo marque la vida íntima de muchas personas no se debe a los altos niveles de satisfacción. El coito (es decir, la penetración) es la práctica sexual por excelencia y la más valorada debido a una concepción del sexo arraigada social y culturalmente. De hecho, un estudio de 2017[38] sugiere que la penetración aporta poco placer si hablamos de las personas con vulva.

Es posible que, después de lo que te hemos contado sobre cómo el placer sexual se ha centrado en el pene, no te sorprenda descubrir que, según dicho estudio, solo el 50 % de las mujeres cis que tiene relaciones únicamente vaginales llega al orgasmo. En cambio, el porcentaje aumenta si se complementa con una estimulación manual (el 73 % de las participantes alcanza el clímax) o si además se suma a la ecuación el sexo oral y la estimulación del clítoris en general (hasta el 86 % llega al orgasmo con esta combinación).

Otra conclusión que sacó este estudio es que existen 3 prácticas que, si complementan la penetración, aumentan exponencialmente la posibilidad de experimentar un orgasmo: los besos profundos y los abrazos, la estimulación manual y el sexo oral. También concluyó que hay otros factores que probablemente incrementen la frecuencia del orgasmo, como la variedad sexual (probar nuevas posturas, introducir nuevos elementos, como juguetes o lencería...) o el entorno (velas, música...).

[38] Frederick, D. A., John, H. K. S., Garcia, J. R., Lloyd, E. A., «Differences in Orgasm Frequency Among Gay, Lesbian, Bisexual, and Heterosexual Men and Women in a U.S. National Sample», *Archives of Sexual Behavior*, 47(1), 2017, páginas 273-288, doi:10.1007/s10508-017-0939-z.

Cómo se alcanza el orgasmo

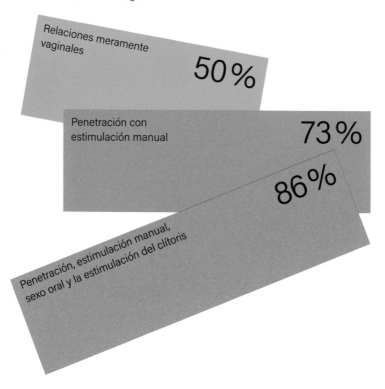

Relaciones meramente vaginales
50 %

Penetración con estimulación manual
73 %

86 %

Penetración, estimulación manual, sexo oral y la estimulación del clítoris

Por último, dicho estudio concluye que las parejas que han recibido cierto nivel de educación sexual, y que se sienten más cómodas con su sexualidad, tienen más probabilidades de experimentar orgasmos con más facilidad. En este sentido, nos atrevemos a pensar que simplemente leyendo este libro estarías aumentando tus posibilidades de llegar al clímax. ¡Enhorabuena!

Ni orgasmo ni coito. Tu objetivo: disfrutar

Nuestra sexualidad es inabarcable, está en constante evolución y, en gran parte, inexplorada. Y, al tratarse de la esfera más íntima, nuestras creencias hacen que ampliemos o limitemos nuestro autoconocimiento. Pensar que nuestro placer e intimidad se reducen a una práctica o a un reflejo brevísimo de tan solo unos segundos encorseta nuestro entendimiento y disfrute de la sexualidad.

¿Qué te parecería empezar a ver el sexo como placer y, por qué no, también como bienestar y disfrute, en lugar de como una finalidad o una *performance*? Permítete jugar, comunicar, sentir siguiendo tus gustos y necesidades, con curiosidad y sin exigencia, y verás cómo algo cambia.

No te podemos prometer nada, pero probablemente la relación contigo mismx y con tu esfera sexual acabe siendo diferente, quizás más flexible y madura. Y, seguramente, mucho más placentera.

Conclusión

Confiamos en que, a estas alturas, hayas aprendido acerca del poderoso y fascinante universo erótico que reside en tu mente. Desde los sueños hasta las creencias más conscientes, todo es parte de una sexualidad que vives y construyes a diario.

Este vínculo se consolida a través de incontables situaciones y acciones: conversar acerca de sexo y relaciones, acudir a fuentes de información veraces y científicas, dedicar momentos de autoexploración a través de la masturbación... Todo aquello que te acerque a tu forma de comprender la sexualidad y disfrutarla ¡es bienvenido!

A la vez que conectas con tu intimidad, es importante que revises esas ideas que, culturalmente, has aprendido e interiorizado. Puede que estén obstaculizando tu forma de explorar y disfrutar sexualmente y sea el momento de cuestionarlas. En estas páginas hemos hablado de deseo, fantasías y sueños eróticos, así como de masturbación, preliminares, coitocentrismo y falocentrismo, pero nuestro consejo es que no te detengas aquí, sino que ojees los temas que tratamos en los demás libros de esta colección, ya que, cuando se trata de sexualidad, la lista de conceptos es muy larga.

Nutrir y cuidar tu mundo privado es importante para que tengas una relación con la sexualidad más cercana y sana y, si en algún momento de tu vida conectar con ella te produce malestar, que sepas que es totalmente natural: tu diálogo interior puede generar ciertas contradicciones, puesto que tanto tu sexualidad como tú evolucionáis, pero no necesariamente al mismo ritmo. Si necesitas consejo o que alguien te guíe, no dudes en contactar con especialistas de la salud sexual y mental cuando lo desees.

GLOSARIO

ANDROPAUSIA A veces llamada «menopausia masculina», es un término utilizado para describir una serie de cambios hormonales y síntomas relacionados con el envejecimiento que pueden ocurrir a medida que envejecen las personas con pene, generalmente en la mediana edad o más tarde. A diferencia de la menopausia en personas con vulva, donde la disminución de las hormonas sexuales –estrógeno y progesterona– es bastante abrupta, en la andropausia la disminución de la testosterona es gradual.

BDSM Es el acrónimo de *bondage*, dominación, disciplina, sumisión, sadismo y masoquismo. El BDSM representa una variedad de prácticas sexuales y eróticas no convencionales en las que el poder y la sensorialidad son centrales. Las prácticas BDSM van de la mano del consintimiento de las personas involucradas en los juegos.

CIS O CISGÉNERO Convencionalmente, al nacer, se asigna un género u otro según los genitales externos: a la vulva se le asigna género femenino; al pene, masculino. Aun así, en ocasiones, la identidad de género y el género asignado al nacer no coinciden, resultando en personas no binarias, transgénero, agénero... Sin embargo, si el género asignado concuerda con la identidad de género (el género sentido) se habla de cisgénero o cis. Eso implica sentirse conforme con el género definido culturalmente. El término cis se contrapone a trans.

CLÍTORIS Órgano sexual «femenino» altamente sensible y erógeno cuya principal función es excitar y proporcionar placer.

COITOCENTRISMO Creencia que afirma que solo si hay coito es posible hablar de sexo. Esta idea relega todas las demás prácticas a algo secundario, definiéndolas de forma errónea como «preliminares».

DOPAMINA La dopamina es un neurotransmisor, una sustancia química que actúa como mensajera en el cerebro y el sistema nervioso. Juega un papel fundamental en la regulación de una variedad de funciones fisiológicas y psicológicas en el cuerpo humano, incluyendo el control del movimiento, la motivación, el estado de ánimo y la recompensa.

ESTIMULACIÓN GENITAL La práctica de acariciar, tocar, masajear o manipular las áreas genitales con el propósito de inducir la excitación sexual y, en última instancia, el placer sexual.

ESTIMULACIÓN ORAL La práctica sexual en la que una persona utiliza su boca, lengua y labios para acariciar, besar, lamer, chupar o realizar otras acciones similares en las zonas erógenas de la otra persona, generalmente los genitales o el área alrededor de ellos, pero también otras partes del cuerpo que pueden ser altamente sensibles al estímulo erótico, como los pechos o el cuello.

FALOCENTRISMO Tendencia o enfoque cultural que coloca el pene como el centro de la sexualidad y del mundo social, estableciendo así relaciones de poder asimétricas.

FASE REM DEL SUEÑO *Rapid Eye Movement*, por sus siglas e inglés. Es una etapa del ciclo del sueño en la que ocurren sueños vívidos y la actividad cerebral es intensa. Esta fase se repite varias veces durante la noche y es crucial para la consolidación de la memoria y el funcionamiento cognitivo, entre otras.

GÉNERO Roles, características y oportunidades definidos por la sociedad que se consideran apropiados para los hombres y las mujeres, incluso desde antes de nacer, independientemente de su identidad de género (o género sentido íntimamente). No es un concepto estático, sino que cambia con el tiempo y del lugar.

GENITALES Órganos sexuales externos.

GLANDE Parte final del pene y del clítoris, de coloración rosado/rojiza y altamente sensible. Suele estar cubierto por un pliegue de piel llamado prepucio, que se puede retraer para exponer el glande.

HETEROSEXUALIDAD El prefijo «hetero-» proviene del griego y significa «distinto». Por ende, la palabra heterosexualidad se refiere a la orientación de personas que sienten atracción erótica y afectiva hacia personas de un género diferente al suyo.

HOMOSEXUALIDAD El prefijo «homo-» proviene del griego y significa «igual». Por ende, la palabra homosexualidad se refiere a la orientación de personas que sienten atracción erótica y afectiva hacia personas del mismo género.

MENOPAUSIA Evento biológico que marca el cese permanente de la menstruación y la capacidad reproductiva en personas con vulva. Ocurre generalmente en la mediana edad, en algún momento entre los 45 y 55 años, aunque la edad exacta puede variar considerablemente de una persona a otra.

OXITOCINA Es una hormona y neurotransmisor que desempeña un papel clave en la regulación de las contracciones uterinas durante el parto y en la estimulación de la liberación de leche. También se la conoce como la «hormona del amor» debido a su papel en la vinculación social y afectiva entre las personas.

PETTING Es una práctica sexual que involucra caricias, besos y estimulación sexual mutua, pero sin llegar a la penetración vaginal o anal. Se centra en la exploración y el placer erótico mediante toques íntimos pero sin la práctica de relaciones sexuales completas.

PUERPERIO Período de tiempo que sigue inmediatamente después del parto y se extiende durante las semanas o meses posteriores, durante los cuales el cuerpo experimenta una serie de cambios físicos y emocionales mientras se recupera de la gestación y el parto.

RESPUESTA SEXUAL Serie de cambios físicos y psicológicos que ocurren en el cuerpo y la mente de una persona en respuesta a la estimulación sexual.

SEROTONINA Es un neurotransmisor esencial en el cuerpo humano que influye en el estado de ánimo, la regulación del apetito y el sueño, así como en el control de impulsos y la percepción del dolor. Su equilibrio adecuado es fundamental para la salud mental y física.

SEXO CONSCIENTE (*MINDFULSEX*) Es la aplicación de técnicas de *mindfulness* en la práctica sexual. El *mindfulsex* es un gran aliado para disfrutar plenamente del sexo, y es que el sexo también puede ser una forma de meditar.

SEXO *KINKY* El sexo *kinky* es un abanico de prácticas sexuales no convencionales que incluyen el BDSM. Este contrasta con el sexo convencional y normativo, también conocido como «vainilla». El sexo *kinky* hace referencia a una sexualidad alejada de lo normativo, como lo es la penetración, el sexo oral, las caricias y un largo etcétera.

SQUIRTING El *squirting* es la expulsión involuntaria de un líquido transparente e inodoro que sale de la uretra durante la estimulación sexual del clítoris, de la vagina o de ambos a la vez.

SUELO PÉLVICO El suelo pélvico es el conjunto de músculos que se encuentran en el bajo abdomen y que mantienen en su sitio todos los órganos de la pelvis: vagina, uretra, vejiga, útero y recto.

Acerca de Platanomelón

Platanomelón impulsa un movimiento que reivindica el bienestar a través del autocuidado y el placer. Desde su inicio en 2014, la marca ha ganado prominencia en España y México, derribando muros y normalizando lo que es natural en el ámbito de la sexualidad.

La misión de Platanomelón es tanto cultural como revolucionaria: busca romper estigmas y promover una sexualidad vivida de forma natural y positiva. A través de su equipo de sexología, la marca ofrece contenido diario que ha empoderado a más de 5 millones de personas para explorar, comprender y disfrutar plenamente de su vida íntima.

Platanomelón se adentra en temas a menudo relegados a la sombra, invitando a la comunidad a redescubrirse y a reclamar lo que es mejor para cada unx. La marca invita a unirse a una revolución sin filtros, donde el mayor bienestar es disfrutar al máximo en cada etapa de la vida.

Esta colección de libros es el resultado de un trabajo de investigación llevado a cabo por el equipo de Platanomelón, compuesto por especialistas en sexología, en sociología, en redacción y en diseño gráfico, y es un esfuerzo coral para ampliar todavía más el impacto positivo de la marca en la sociedad.